合格に直結!!

要点整理
宅地建物取引士

令和**6**年版

ハンドブック

不動産取引実務研究会●編

ビジネス教育出版社

本書の利用法

　本書は，受験勉強を効率よくすすめるためのハンドブックで，2部構成になっています。

◆第1部では，宅建試験の概要と受験のためのガイダンス，分野別の出題傾向と対策，法令を読みこなすために知っておきたい基礎知識を収録しています。

◆第2部の重要事項のポイント整理は，試験によく出る事項（項目の横の星印は重要度を表わしています）をコンパクトにまとめたものです。整理用，暗記用の教材として繰り返し勉強してください。ただし，試験の出題範囲は広く，そのすべてを網羅することは本書の趣旨ではありません。かならず基本解説書等のテキストを通読したうえで学習することをおすすめします。

◆本書は原則として，令和6年2月1日現在の法令に基づいて解説されています（ただし，宅地・建物の税については，「令和6年度税制改正大綱」に基づいています）。解説中，「法」は法律，「令」は政令（施行令），「則」は省令（施行規則）の略称です。

◆宅建試験の出題の根拠となる法令は，その年の4月1日現在施行のものとされていますので，その後の法改正には十分に注意してください（法改正などの情報に関しては，6月上旬頃弊社ホームページに掲載されます）。

要点整理
宅地建物取引士ハンドブック
CONTENTS

PART1 受験のためのガイダンス

1 はじめに ………………………………………………………………………… 8

　　宅地建物取引士とは／宅地建物取引士の仕事／宅建試験のスケジュール
　　と試験の方法／解答にあたっての注意事項／合否判定は？

2 受験勉強のすすめ方 ……………………………………………………………… 16

　　宅建試験の傾向／重要な数字は暗記しておく／理解力・応用力を身につ
　　ける／40問正解を目標に

3 最近5年間の出題傾向 …………………………………………………………… 19

　　全体的な出題傾向／権利関係／法令上の制限／宅地・建物の税／宅
　　地・建物の価格の評定／宅建業法等／宅地・建物の需給と取引の実
　　務／土地・建物の基礎知識

4 法令を読むための基礎知識 ……………………………………………………… 32

　　はじめに／法令のしくみ／法令でよく使われる用語

PART2 重要事項のポイント整理

1 権利関係 …………………………………………………………………………… 40

　　民　　法

　　制限行為能力者 ── 40
　　法律行為 ── 42
　　意思表示 ── 43
　　代　　理 ── 44
　　条件・期限／不在者の財産の管理 ── 47
　　時　　効 ── 49
　　物権の変動・占有権・所有権 ── 50
　　相隣関係・共有 ── 52
　　用益物権 ── 54
　　担保物権 ── 55
　　抵 当 権 ── 57

　　　根抵当権 —— 59
　　　債務不履行 —— 61
　　　債権者代位権・詐害行為取消権 —— 62
　　　連帯債務 —— 63
　　　保証債務・連帯保証 —— 65
　　　債権の譲渡・弁済・相殺 —— 67
　　　契　　約 —— 69
　　　契約不適合責任 —— 71
　　　手付・買戻し —— 74
　　　使用貸借 —— 75
　　　賃　貸　借 —— 76
　　　請負・委任 —— 78
　　　事務管理 —— 80
　　　不法行為 —— 81
　　　親族・相続 —— 82

借地借家法
　　　借地権 —— 85
　　　借家権 —— 89

区分所有法
　　　専有部分と共用部分 —— 92
　　　管理組合と集会の決議 —— 93

不動産登記法
　　　登記手続 —— 96
　　　表示に関する登記 —— 98
　　　権利に関する登記 —— 100
　　　仮登記・仮処分に関する登記 —— 103
　　　登記事項の証明等 —— 104

2　法令上の制限 ··· 105

都市計画法
　　　都市計画区域 —— 105
　　　用途地域 —— 106
　　　その他の地域地区 —— 107
　　　都市計画 —— 108
　　　開発行為の許可 —— 110
　　　開発許可の基準 —— 112
　　　変更の許可，工事完了の検査 —— 115
　　　建築物の建築等の規制 —— 116

建築基準法
　　　建築確認 —— 118

　　　単体規定・建築協定 —— 120
　　　道路関係による制限 —— 123
　　　建築物の用途制限 —— 125
　　　容　積　率 —— 127
　　　建　蔽　率 —— 128
　　　建築物の高さの制限等 —— 130
　　　防火地域内等における制限 —— 133
　国土利用計画法
　　　国土利用計画法のしくみ —— 135
　　　事後届出 —— 136
　　　事前届出 —— 137
　宅地造成及び盛土等規制法
　　　宅地造成・特定盛土等の規制 —— 138
　土地区画整理法
　　　土地区画整理事業 —— 141
　農地法・その他の法令
　　　農地の権利移動・転用の制限等 —— 145

3　宅地・建物の税 ………………………………………………… 148

　国　　税
　　　譲渡所得税 —— 148
　　　住宅借入金等特別控除 —— 150
　　　登録免許税 —— 152
　　　印紙税 —— 153
　　　相続税・贈与税 —— 155
　地　方　税
　　　不動産取得税 —— 157
　　　固定資産税 —— 159

4　宅地・建物の価格の評定 ………………………………………… 160

　地価公示法
　　　地価公示の手続 —— 160
　不動産の鑑定評価
　　　鑑定評価 —— 162

5　宅建業法等 …………………………………………………… 167

　総則・免許
　　　用語の定義 —— 167
　　　免　　許 —— 168

免許換え・変更等の届出 —— 171

宅地建物取引士・営業保証金
宅地建物取引士資格登録 —— 173
宅地建物取引士証 —— 176
営業保証金 —— 177

業　務
宅地建物取引士の設置義務等 —— 179
広告等に関する規制 —— 180
取引態様の明示と媒介契約等の規制 —— 181
重要事項の説明 —— 184
供託所等の説明，契約締結時期の制限 —— 188
書面の交付 —— 189
[参考] 重要事項説明書と37条書面 —— 191
クーリング・オフ —— 192
損害賠償額の予定，手付の額の制限等 —— 194
手付金等の保全 —— 195
その他の業務規制 —— 196
報酬額の制限 —— 198
業務に関する禁止事項 —— 200
その他の義務 —— 202

保証協会・監督等
保証協会 —— 204
宅建業者に対する監督処分 —— 206
宅建士に対する監督処分 —— 210
監督処分のまとめ —— 211
罰　　則 —— 212

宅建業法の関連法令
住宅瑕疵担保履行法 —— 214

6 宅地・建物の需給と取引の実務 ……………………………… 216
住宅金融支援機構 —— 216
公正競争規約 —— 218
統　　計 —— 223

7 土地・建物 ……………………………………………………… 225
土　　地 —— 225
建　　物 —— 228

1 受験のための
ガイダンス

1 はじめに

1 宅地建物取引士とは

　宅地建物取引業を営もうとする者は，宅地建物取引業法（宅建業法）に基づき，国土交通大臣または都道府県知事の免許を受ける必要があります。免許を受けるにあたり，その事務所その他国土交通省令で定める場所ごとに，事務所等の規模，業務内容等を考慮して，国土交通省令で定める数の成年者である専任の宅地建物取引士を置かなければならないとされています。

　宅地建物取引士とは，宅建業法で定める宅地建物取引士資格試験に合格し，試験を実施した都道府県知事の資格登録を受け，かつ，当該知事の発行する宅地建物取引士証の交付を受けた者をいいます。

2 宅地建物取引士の仕事

　宅建業法では，宅地建物取引士（以下「宅建士」といいます）の仕事として，次の3つが規定されています。

① 　土地や建物を購入しようとする人，交換によりそれらを取得し，または借りようとする人に対して，その物件の重要な事項を記載した書面（重要事項説明書）を交付して説明すること（35条1項）

② 　重要事項説明書の内容を確認して記名すること（35条5項）

③ 　37条の規定により宅建業者が作成を義務づけられている書面（通常は，売買契約書または賃貸借契約書をもって37条の書面としている）の内容を確認して記名すること（同条3項）

　これらの仕事は意外に簡単だと思われるかもしれませんが，実は大変な仕事なのです。たとえば，重要事項説明書には，その物件の物理的な現況や周辺の環境ばかりでなく，建築基準法や都市計画法などの法律の規定によるさまざまな制限の有無およびその内容，また当該物件に設定された権利の制限（たとえば抵当権・仮登記等の設定の有無およびその内容等）について調査をして記載しなければなりません。

　さらに，重要事項の説明をするときには，相手方に対して宅建士証

を提示しなければならず（35条4項），取引の関係者から請求された
ときにも提示する必要があります（22条の4）。

このように，宅建士は，不動産取引において購入者等が安全・確実
に取引できるよう，専門家として業務を遂行する使命を負っています。
しかもこの使命は，弁護士や司法書士と同様，公的なものであるとい
ってもよいでしょう。

なお，「デジタル社会の形成を図るための関係法律の整備に関する
法律」（令和3年法律第37号）により，重要事項説明書および37条書
面への宅建士の押印を廃止して記名のみでよいこととするとともに，
重要事項説明書，媒介契約書および37条書面について，書面を交付し
なければならないとしていたところ，相手方の承諾を得たうえで，電
磁的方法により提供することを可能とする見直しが行われていますの
で注意が必要です（令和4年5月18日施行）。

3 宅建試験のスケジュールと試験の方法

宅建試験の受験資格については，年齢・性別等の制限は一切ありま
せん。だれでも受験することができます（ただし，未成年者の場合，
合格しても通常は宅建士としての登録をすることができません）。

試験は通常毎年1回，10月の第3日曜日に実施されます。試験時間
は午後1時から3時までの2時間で，出題数は50問（四肢択一式）で
す。宅建業に関する実用的な知識を有するかどうかを判定することに
基準を置いた内容で，具体的には，宅建業法施行規則8条の規定によ
り，次の7分野から出題されます。出題順に列挙すると，次のとおり
です（各分野の出題数は令和5年度のケース）。

① 土地・建物の権利と権利の変動（権利関係）　　14問
② 土地・建物の法令上の制限（法令上の制限）　　8問
③ 宅地・建物の税　　2問
④ 宅地・建物の価格の評定　　1問
⑤ 宅地建物取引業法（宅建業法）等　　20問
⑥ 宅地・建物の需給と取引の実務　　3問
⑦ 土地・建物の基礎知識　　2問

以上の出題数をみてもわかるように，宅建試験では「権利関係」「法令上の制限」「宅建業法」の主要3分野からの出題が，全体の80％以上を占めています。主要3分野を完全に理解しておかなければ合格することはできません。法律ごとの出題数を確認したうえで，勉強方法や勉強時間の割り振りを考える必要があります。

　試験に関するスケジュールは，6月上旬に試験の実施機関である(財)不動産適正取引推進機構（以下，機構といいます）のホームページ（https://www.retio.or.jp）や官報等で公表されます。

　令和6年度の試験については，郵送申込みの期限が早まり，インターネット申込みの期限が延長される予定であることが，機構のホームページで公表されています（郵送申込みが7月1日〜16日，インターネット申込みが7月1日〜31日）。6月7日（金）には申込期間（確定）が官報で公告され，機構のホームページにも掲載されることになっていますので，確認するようにしてください。

　7月になったら居住地の都道府県の試験実施協力機関に問い合わせ，試験のスケジュールと受験申込書の配布場所を確認して，万全を期すように心がけてください（⇨p.15）。

　なお，令和2年度・3年度の宅建試験は，新型コロナウイルス感染拡大により試験会場の手配がつかず，10月と12月の2回に分けて行われた試験地（都道府県）がありましたが，令和4年以降は，従来同様年1回に戻っています。

■4　解答にあたっての注意事項

　出題傾向の分析に入る前に，解答にあたって特に注意すべき事項をいくつか述べて，受験者の皆さんの参考に供したいと思います。

　第1は，各問とも**四肢択一式**で，4つの選択肢から1つの正解を選び出す問題ですから，正解は1つしかないということです。問題によっては，設問が長文で内容を理解するのに時間がかかるもの，またはひっかかりやすいものもありますので，問題をよく読んで，内容を十分に理解してから解答するようにしてください。

　第2は，**出題形式**ですが，これは次のように分類できます。

①事例形式

ある前提（たとえば「AおよびBは共同で別荘を購入し，分譲者であるCと土地付建物の売買契約を締結することとなった。ところがAは未成年者であった。次の記述のうち，誤っているものはどれか」という形式の出題）を与えて，これについて正解を求める問題です。このような場合には，与えられた前提条件を正確に理解して，どこにポイントがあるかを把握したうえで解答することが大切です。

②単一の事項に関すること

比較的オーソドックスな出題形式で，たとえば「保証に関する次の記述のうち，誤っているものはどれか」といった問題です。この場合には，前提となる事項（この場合は保証）に関する法律の規定の意義，効果などを頭において解答しないと，選択肢の文章に惑わされることになります。

③複数の事項に関すること

たとえば「宅地建物取引業法に関する次の記述のうち，正しいものはどれか」という形式で，2つ以上の異なる内容から選択肢が構成されているものです。さらに最近は，異なる2つのケースを提示し，それぞれを比較する内容で選択肢が構成されている問題も登場しています（令和4年【問6】，【問8】）。受験者にとっては，1つの事項に関する知識だけでは解けない問題で，正解を導き出すためには，各選択肢で出題された内容に関する幅広い理解が求められます。

④個数・組合せ選択問題

このところ増えてきているのが，「正しい（誤っている）ものはいくつあるか」という個数選択問題や，「正しい（誤っている）ものの組合せはどれか」という組合せ選択問題です。令和5年の試験では，個数選択問題が5問出題されました。これらの問題は，すべての選択肢を読まなければ正解を導き出すことができないという意味で，解くのに時間がかかってしまいがちです。瞬時に内容を正しく把握して，正解を判断できる能力が求められます。

5 合否判定は？

令和5年度の場合，36問正解が合格基準点とされていますが，ここ

数年の結果をみると，一応50問中35〜38問以上の正解が得られれば，よほどのことがない限り合格することができるといえます（⇨ p.18）。

合格者には合格証書が簡易書留で郵送されます。また，合格者の受験番号一覧，合否の判定基準および試験問題の正解番号は，機構のホームページでも合格発表日の午前9時30分から公表されます（従来行っていた各都道府県での紙の貼り出しによる掲示は，令和4年度試験から廃止されています）。

受験者の合否情報については，合格発表日から2週間に限り，携帯電話からインターネット経由で，受験番号を入力することにより検索することもできます。

宅建試験受験の流れ

※下記のスケジュールは予定です。実施公告以降，改めてご確認ください。

6月の第1金曜日（令和5年度は6月2日）

| 実施公告および
ポスターの掲出 | 官報または都道府県の公報に公告
インターネット申込みについては不動産適正取引推進機構ホームページに試験案内を掲載 |

7月～（令和5年度は7月3日～7月31日）

| 受験申込書の配布 | 受験申込締切日まで，受験案内と受験申込書，受験料振込用紙を配布
※試験は，受験者が居住している都道府県の試験会場で受験することを原則としているので，自分が居住している都道府県にある協力機関が指定する場所で配布を受けること |

| 受験手数料の納入
（8,200円） | 受験申込前に所定の振込用紙で郵便局または銀行に納入
※納入手数料は本人負担
※インターネットによる申込みの場合は，クレジットカード決済またはコンビニ決済のいずれかの方法で払い込む。 |

7月～（令和5年度はインターネット7月3日～7月19日，郵送7月1日～7月31日）

| 受験申込受付 | 領収書を受験申込書の所定の欄に貼る
※インターネットによる受験申込受付の開始に伴い，平成18年度から持参による受験申込みは廃止されました。 |

8月下旬

| 受付票の送付 | 試験会場案内図等を記載した受付票（はがき）が，各都道府県の協力機関から送付されます。 |

9月下旬（令和5年度は9月27日発送）

| 受験票の送付 | 受験番号・試験会場等が記載された受験票（黄色のはがき）が，機構より直接本人あてに発送されます。 |

10月の第3日曜日（令和5年度は10月15日）

| 試　　験 | 例年10月の第3日曜日の午後1時～午後3時に実施
※解答用紙はマークシート方式なので，かならずHBまたはBの鉛筆（シャープペンシル）と，プラスチック消しゴムを用意すること（ボールペンは不可） |

11月下旬～12月上旬
（令和5年度は11月21日）

| 合格発表 | 合格者には，直接，機構から合格証書等が送付（簡易書留郵便）されます（不合格者には通知されません）。 |

宅地建物取引士証受領までの流れ

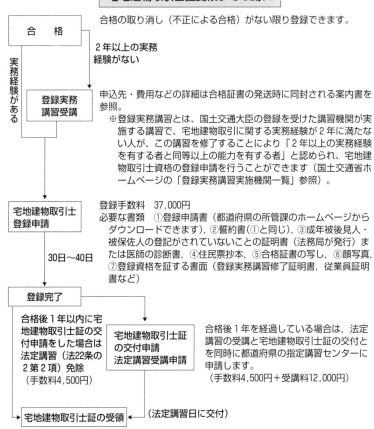

合格の取り消し（不正による合格）がない限り登録できます。

合　格

実務経験がある

2年以上の実務経験がない

登録実務講習受講

申込先・費用などの詳細は合格証書の発送時に同封される案内書を参照。

※登録実務講習とは、国土交通大臣の登録を受けた講習機関が実施する講習で、宅地建物取引に関する実務経験が2年に満たない人が、この講習を修了することにより「2年以上の実務経験を有する者と同等以上の能力を有する者」と認められ、宅地建物取引士資格の登録申請を行うことができます（国土交通省ホームページの「登録実務講習実施機関一覧」参照）。

宅地建物取引士登録申請

登録手数料　37,000円
必要な書類　①登録申請書（都道府県の所管課のホームページからダウンロードできます），②誓約書（①と同じ），③成年被後見人・被保佐人の登記がされていないことの証明書（法務局が発行）または医師の診断書，④住民票抄本，⑤合格証書の写し，⑥顔写真，⑦登録資格を証する書面（登録実務講習修了証明書，従業員証明書など）

30日〜40日

登録完了

合格後1年以内に宅地建物取引士証の交付申請をした場合は法定講習（法22条の2第2項）免除（手数料4,500円）

宅地建物取引士証の交付申請　法定講習受講申請

合格後1年を経過している場合は，法定講習の受講と宅地建物取引士証の交付とを同時に都道府県の指定講習センターに申請します。（手数料4,500円＋受講料12,000円）

宅地建物取引士証の受領 ◀── （法定講習日に交付）

宅建試験の実施機関：(財)不動産適正取引推進機構　試験部
〒105-0001　東京都港区虎ノ門3-8-21　第33森ビル3F
電話▶03(3435)8181　URL▶https://www.retio.or.jp
　ただし，試験に関する問い合わせは，各都道府県の協力機関で受け付けています。

都道府県別問い合わせ先（協力機関）一覧

団 体 名	電話	団 体 名	電話
北海道宅地建物取引業協会	(011)642-4422	滋賀県宅地建物取引業協会	(077)524-5456
青森県宅地建物取引業協会	(017)722-4086	京都府宅地建物取引業協会	(075)415-2140
岩手県建築住宅センター	(019)652-7744	大阪府宅地建物取引士センター	(06)6940-0104
宮城県宅地建物取引業協会	(022)398-9397	兵庫県宅地建物取引業協会	(078)367-7227
秋田県宅地建物取引業協会	(018)865-1671	奈良県宅地建物取引業協会	(0742)61-4528
山形県宅地建物取引業協会	(023)623-7502	和歌山県宅地建物取引業協会	(073)471-6000
福島県宅地建物取引業協会	(024)531-3487	鳥取県宅地建物取引業協会	(0857)23-3569
茨城県宅地建物取引業協会	(029)225-5300	島根県宅地建物取引業協会	(0852)23-6728
栃木県宅地建物取引業協会	(028)634-5611	岡山県不動産サポートセンター	(086)224-2004
群馬県宅地建物取引業協会	(027)243-3388	広島県宅地建物取引業協会	(082)243-0011
新潟県宅地建物取引業協会	(025)247-1177	山口県宅地建物取引業協会	(083)973-7111
山梨県宅地建物取引業協会	(055)243-4300	徳島県宅地建物取引業協会	(088)625-0318
長野県宅地建物取引業協会	(026)226-5454	香川県宅地建物取引業協会	(087)823-2300
埼玉県弘済会	(048)822-7926	愛媛県宅地建物取引業協会	(089)943-2184
千葉県宅地建物取引業協会	(043)441-6262	高知県宅地建物取引業協会	(088)823-2001
東京都防災・建築まちづくりセンター	(03)5989-1734	福岡県建築住宅センター	(092)737-8013
神奈川県宅地建物取引業協会	(045)681-5010	佐賀県宅地建物取引業協会	(0952)32-7120
富山県宅地建物取引業協会	(076)425-5514	長崎県宅地建物取引業協会	(095)848-3888
石川県宅地建物取引業協会	(076)291-2255	熊本県宅地建物取引業協会	(096)213-1355
福井県宅地建物取引業協会	(0776)24-0680	大分県宅地建物取引業協会	(097)536-3758
岐阜県宅地建物取引業協会	(058)275-1171	宮崎県宅地建物取引業協会	(0985)26-4522
静岡県宅地建物取引業協会	(054)246-7150	鹿児島県宅地建物取引業協会	(099)252-7111
愛知県宅地建物取引業協会	(052)953-8040	沖縄県宅地建物取引業協会	(098)861-3402
三重県宅地建物取引業協会	(059)227-5018	令和6年1月現在	

2 受験勉強のすすめ方

1 宅建試験の傾向

　ここ数年，試験の出題水準は高度化し，複雑化してきています。一昔前は，試験の2～3か月前から勉強をはじめても，なんとか合格レベルに達することができましたが，現在では半年以上前から準備をしないと合格はおぼつかない，という内容になっています。多くの条文を確実に理解して総合力を身につけ，事例問題や複合問題に対応できる実力を養成しておかないと，なかなか合格はできません。

　たとえば，令和5年度の民法と借地借家法から出題された12問のうち，「民法（借地借家法）の規定によれば……」という設問は5問で，6問が「民法（借地借家法）の規定及び判例によれば……」という判例がらみの設問でした。さらに，判決文を読ませて解答させる問題も毎年1問出題されています。

　宅建業法では，19問のうち18問が，いくつかの条文をからませた複合問題でした。また，4問が「正しい（誤っている）記述（の組み合わせ）はいくつあるか」という個数選択問題や正しい組合せを問う組合せ選択問題で，すべての問題文の正誤を判断できなければ正解することが難しいような出題形式でした。

　こうなると，中途半端な知識ではとても正解を導き出すことはできません。

2 重要な数字は暗記しておく

　法律の規定には，さまざまな数字が出てきます。民法では，消滅時効や取得時効の年数，共有物件の分割禁止期間，売主の担保責任の期間，賃貸借期間，買戻しの期間，法定相続分・遺留分，相続放棄申出期間等があり，借地借家法では借地期間，区分所有法では集会の招集，規約の改正，建物の改築等の数字があります。

　宅建試験では，毎年これらの数字に関する問題がかなり出題されます。重要な数字については，かならず暗記しておく必要があります。

　同じように，建築基準法の容積率・建蔽率や高さに関する制限，宅建業法等の各種届出の内容（どんな場合に，誰が，いつまでに，誰に届け出るのか），宅地の定義（法律によって解釈が違います）等の法律用語の意味も正確に理解しておかなければなりません。

3　理解力・応用力を身につける

　前にのべたように，宅建試験の傾向として全体的にいえることは，実務的な観点からの問題や，事例式，設例式で，総合的な理解力・応用力を問う横断的・複合的な問題が増えてきているということです。しかも，問題文の長文化は定着してきています。このような出題傾向は，今年の場合も変わらないでしょう。

　単なる知識の詰め込みではなく，本当の実力，つまり理解力・応用力を身につけなければ，もはや合格することはできません。

4　40問正解を目標に

　受験者の皆さんの中には，仕事をやりながらとか，残業で帰りが遅くなるといった事情をお持ちの方は多いことと思います。とくに営業関係の方は，目標に追われて試験勉強どころではない，ということもあるかもしれませんが，試験ではそうした事情は一切考慮されません。

最近5年間の試験結果（登録講習修了者以外の一般受験者）

年　度	令和元年	2年	3年	4年	5年
申込者数（人）	217,914	153,106 54,237	201,688 39,814	231,005	233,867
受験者数（人）	169,126	123,497 34,623	160,868 24,965	179,048	183,869
受　験　率（％）	77.6	80.7 63.8	79.8 62.7	77.5	78.6
合格者数（人）	25,643	20,826 4,541	27,152 3,892	30,374	28,098
合　格　率（％）	15.2	16.9 13.1	16.9 15.6	17.0	15.3
合格基準点	35問	38問 36問	34問 34問	36問	36問

＊令和2年・3年は，上が10月試験，下が12月試験の結果

また，試験勉強は，まとめてしなければならない，というものではありません。通勤電車の中など，ちょっとした時間を見てはテキストを開くよう心がけてください。

　今年の合格ラインは35問〜37問程度と予想されます。以前は35問（7割）正解が目標とされていましたが，それだと取りこぼしが許されません。かといって100点満点をとるほど勉強できる時間はないでしょうから，出題数の少ない科目でどうしても苦手なところはあまり深追いせず，テキストを読み流す程度にして，40問正解を目標に勉強すれば間違いないと思います。

　宅建試験は，頑張れば必ず1回で合格できる試験です。皆さんの健闘をお祈りします。

3　最近5年間の出題傾向

1　全体的な出題傾向

　宅建試験は昭和33（1958）年に第1回の試験が実施されました。歴史のある試験だけに，各分野ごとの出題数はほぼ定型化しています。

　合格するためには，過去数年間の試験の傾向を分析し，出題頻度の高い項目を重点的に学習しておかなければなりません。ここでは，過去5年間の出題傾向を徹底分析するとともに，学習のポイントを解説していきます。

2　権利関係（14問）

　この分野からは14問出題されており，法律別の内訳は次のとおりです。

法律名 ＼ 年度		令和元	2	3	4	5
民　　法		10	10	10	10	10
借地借家法	借地関係	1	1	1	1	1
	借家関係	1	1	1	1	1
区分所有法		1	1	1	1	1
不動産登記法		1	1	1	1	1
計		14	14	14	14	14

＊令和2年・3年は10月・12月とも同じ。

①民　　法（10問）

　まず，民法からの出題傾向をみると，制限行為能力者，意思表示，代理，時効による取得，共有，抵当権，連帯債務，保証債務，債権譲渡，契約の履行，契約の解除，契約不適合責任，賃貸借一般，請負，不法行為，相続等の各事項は必ず重点学習の対象としなければなりません。出題数が10問と多いので，民法での失敗は命取りとなります。

　試験問題の文章そのものは宅建業法の問題文のような長文のものは

民法の出題分布

		令和元年	2年 10月	2年 12月	3年 10月	3年 12月	4年	5年
民法全般		—	—	—	—	○	—	—
総則	制限行為能力者	—	—	—	○	—	—	○
	不在者の財産管理・失踪宣告	—	—	—	—	—	○	○
	意思表示	○	○	△	—	—	—	—
	代理	○	—	○	—	○	△	—
	条件と期限・期間の計算	—	—	—	—	—	○	—
	時効	○	○	○	—	—	○	○
物権	物権変動の対抗要件	○	—	—	—	○	○	—
	相隣関係	—	○	—	—	—	—	—
	共有	—	—	○	—	—	—	—
	地上権	—	—	—	—	—	△	—
	留置権・質権・地役権	—	—	○	—	—	—	—
	抵当権（根抵当権）	○	—	—	—	○	○	○
債権	選択債権	—	—	—	○	—	—	—
	債務不履行	△	—	△	—	—	—	—
	連帯債務	—	—	—	○	—	—	—
	保証	—	◎	—	—	—	—	—
	債権の譲渡	△	—	—	○	—	—	—
	弁済	○	—	—	—	—	—	—
	相殺	—	—	—	—	—	—	○
	契約	△	○	—	—	○	—	—
	契約不適合責任	△	—	△	○	△	—	—
	賃貸借・使用貸借	—	○	○	○	△	○	○
	請負	○	—	—	—	—	—	○
	委任	—	○	—	—	—	—	—
	寄託・事務管理	—	—	○	—	—	—	—
	不法行為（不当利得）	○	○	○	○	—	—	—
親族（親権・後見）		—	—	○	—	○	◎	—
相続		○	○	○	◎	○	○	◎

＊◎は２問出題，○は１問出題，△は選択肢の一部として出題。

ないと思われますが，具体的な事例問題で占められているだけに，A・B・C・D・Eという登場人物の役割に振り回されないように慣れておく必要があるでしょう。

　また，判例がらみの問題に対する対策ですが，民法の規定の確認や，民法の規定から漏れている事項についての補足の意味での出題がほとんどですから，民法の勉強に力を入れるとともに，物事を公平に判断する訓練をしておけば大丈夫だと思います。法律の判断・運用も，結局は物事を公平に処理することを目的にしているからです。

　民法の条文は全部で約1,100か条ありますが，このうち不動産取引でとくに重要な約100の条文から出題されます。

　過去5年間の出題分布は前ページの表のとおりです。出題頻度が3回以上の項目は，かならず出題されるものと考え，重点的に学習しておく必要があります。

　また，最近の傾向として，条文の細部にわたる正確な理解を求める問題が多くなっています。テキストや参考書，問題集を勉強するときに，該当条文と突き合わせ，それぞれの条文が何を規定しているのか，例外（特約等）は認められるのか，違反した場合はどうなるのか，といったことについて，総合的な理解を深めておく必要があります。

　なお，令和3年4月28日，社会問題となっている所有者不明土地問題を解消するための関連法（「民法等の一部を改正する法律」（法律第24号），「相続等により取得した土地所有権の国庫への帰属に関する法律」（法律第25号））が公布されました。改正内容は，民法の相隣関係や共有，相続に関する規定（令和5年4月1日施行）などのほか，不動産登記法の改正により土地や建物について相続を知ってから3年以内の登記が義務付けられるようになる（令和6年4月1日施行）など，私たちの暮らしに深くかかわる内容が少なくありません。

②借地借家法（借地関係1問・借家関係1問）

　借地借家については，民法との混合問題になる場合が少なくありません。また，定期借地権，定期借家制度（定期建物賃貸借）についても注意が必要です。

　借地借家法には強行規定（特約が認められない）と任意規定があったり，また賃借権の譲渡・転貸の場合の裁判所による許可のように，

借地契約では適用されても借家契約では適用されない規定がありますので，その違いを整理しておきましょう。

③区分所有法（1問）

区分所有法（建物の区分所有等に関する法律）からの問題は1問ですが，法律全般から出題されるため，範囲が非常に広いというきらいがあります。管理者，規約および集会等を中心に，過去に出題された問題を勉強しておけば大丈夫でしょう。

④不動産登記法（1問）

不動産登記法からは，1問出題されます。登記の種類，登記事項，登記の申請，登記の順位，表示の登記，仮登記等について広く浅く勉強すべきでしょう。

3　法令上の制限（8問）

法令上の制限は，土地や建物の利用について公共性の観点から制限・規制を加える都市計画法，建築基準法などから出題されます。受験者にとっては比較的なじみの薄い法律が多く，また数字などの暗記項目も多いため，苦労するかと思いますが，出題されるところはある程度特定されていますので，マトをしぼって勉強すれば確実に点を稼げる分野だといえます。

①都市計画法（2問）

都市計画法は，都市計画，地区計画，開発許可，建築制限に大別されます。開発許可制度からは必ず出題され，ほとんど毎年，許可・不許可を問う問題や市街化調整区域の建築許可から出題されています。

もう1問は，主に第1章・第2章から，都市計画区域・準都市計画区域，地域地区，都市計画，地区計画・地区整備計画等について幅広く出題されます。

②建築基準法（2問）

住宅は，私たち人間の生活の基盤であり，その住宅は建築基準法により規制されているのですから，日常生活を円滑に営むためにも，主な条文については理解しておいてほしいものです。

- ●建築確認……6条，6条の2，7条，7条の3，2条の用語の定義を理解するとともに，建築確認が必要な特殊建築物の面積，高さ

法令上の制限の出題分布

法律名 ＼ 年度別	令和元	2	3	4	5
都 市 計 画 法	2	2	2	2	2
建 築 基 準 法	2	2	2	2	2
宅地造成等規制法	1	1	1	1	1
土 地 区 画 整 理 法	1	1	1	1	1
農 地 法	1	1	1	1	1
国土利用計画法[*1]	1	1	1	1	1[*2]
そ の 他 の 法 令	—	—	—	—	—
計	8	8	8	8	8

* 1 　国土利用計画法の出題順は年によって違っていますが，本書
　　では各 2 問出題される都市計画法，建築基準法の後に解説して
　　います。
* 2 　令和 5 年の国土利用計画法は，事後届出に関する出題ですが，
　　選択肢の一つとして，令和 4 年 9 月20日に全面施行されたばか
　　りの重要土地等調査法が含まれています。

都市計画法・建築基準法の出題分布

			令和元年	2 年		3 年		4 年	5 年
				10月	12月	10月	12月		
都市計画法	第 1 章 第 2 章	総則・都市計画	○	△	○	○	○	○	○
	第 3 章	開発行為の許可	○	○	○	○	—	○	○
		開発許可と建築制限	—	—	—	—	○	—	—
	第 4 章	都市計画事業	—	△	—	—	—	—	—
建築基準法	第 1 章	建築手続	△	△	△	—	—	△	—
	第 2 章	建築物の構造等	△	△	△	○	○	△	△
	第 3 章	道路関係の制限	△	△	△	—	△	△	△
		用途制限	△	△	△	△	△	△	—
		容積率・建蔽率	△	△	△	—	—	—	△
		建築物の高さ制限等	—	—	—	—	△	△	—
		防火・準防火地域	△	△	△	—	—	—	△

*○は 1 問出題，△は選択肢の一部として出題。

など別表第1（耐火建築物等としなければならない特殊建築物）に定められた数字を暗記する必要があります。

- 一般的な制限……過去に出題された条文は26条（防火壁等），30条（長屋又は共同住宅の各戸の界壁），34条（昇降機）ですが，21条，25条，27条〜29条も一応読んでほしいというより，問題を作りやすいところです。
- 道路関係……道路，接道義務等に関する42条以下の条文です。
- 用途地域と建築物の組み合わせ（用途制限）……48条，別表第2（用途地域等内の建築物の制限）から出題されます。
- 容積率と建蔽率……52条，53条です。
- 建築物の高さ制限……55条，56条。55条は注意しましょう。
- 日影制限……56条の2，別表第4（日影による中高層の建築物の制限）。別表第4の高さの数字を暗記しておく必要があります。
- 用途地域内の建築物の制限……過去の出題条文は54条，54条の2，58条，59条，59条の2，60条などですが，関係条文が多いので注意が必要です。
- 建築協定……69条〜77条です。

　最近5年間で出題が圧倒的に多いのは第3章「都市計画区域等における建築物の敷地，構造，建築設備及び用途（41条の2以下）」（集団規定）からで，それ以外では第1章「総則（1条〜18条）」から建築手続が，第2章「建築物の敷地，構造及び建築設備（19条〜41条）」（単体規定）から建築物の構造等が出題されます。

　なお，令和4年6月17日には，建築物の省エネ対策を推進するための建築物省エネ法等の一部を改正する法律が公布され，令和6年4月1日までに居室の採光規定の見直し（28条1項），容積率等に関する制限の合理化（52条6項3号，58条2項等），防火に関する制限の合理化（21条2項・3項等）等に関する規定が施行されています。

③国土利用計画法（1問）

　国土利用計画法は，14条に規定されている届出の必要な「土地売買等の契約」の内容をまず頭に入れておく必要があります。

　次に，事後届出の23条，勧告の24条，公表の26条，あっせんの27条，助言の27条の2，罰則の47条が出題対象と考えてよいでしょう。14条，

23条とそれに付随する条文に重点をおけばよいのですから、出題範囲が狭く得点しやすい法律です。

④宅地造成及び特定盛土等規制法（1問）

令和3年に静岡県熱海市で盛土が崩落し大規模な土石流災害が発生したこと等を踏まえ宅地造成等規制法が抜本的に改正され、名称を「宅地造成及び特定盛土等規制法」と改め、土地の用途にかかわらず、危険な盛土等が包括的に規制されることとなりました（令和4年5月27日公布、法律第55号）。改正法は、一部を除き、令和5年5月26日から施行されており、令和6年度の試験は改正法から出題されます。新設された特定盛土等規制区域内における工事等の規制の内容を中心に、対策を立てておく必要があります。

⑤土地区画整理法（1問）

土地区画整理法は出題範囲が広いので、土地区画整理事業の施行地区内における建築・宅地造成等の制限、仮換地の通知・効力等、換地処分の計画・公告・効力等、保留地、登記・清算金等、事業の流れに沿って整理しながら勉強したほうが理解しやすいでしょう。

なお、令和2年10月、令和3年10月は土地区画整理組合からの出題でしたが、例年、土地区画整理事業からの出題が多数を占めています。

⑥農地法（1問）

毎年1問出題されますが、出題条文はほぼ特定されており、2条（定義）、3条（農地又は採草放牧地の権利移動の制限）、4条（農地の転用の制限）、5条（農地又は採草放牧地の転用のための権利移動の制限）の4つの規定を理解しておけば十分正解できます。

令和3年12月試験では選択肢の一つとして18条1項（農地の賃貸借の解約等の制限）から、令和4年試験では56条（法律に適用される土地の面積）等から出題されましたが、今後の出題の可能性は低いと思われます。

⑦その他の法令

平成29年試験では国土利用計画法からの単独の出題はなく、その他の法令上の制限からの出題（津波防災づくりに関する法律、国土利用計画法、景観法、道路法）でしたが、今後出題されたとしても、法令ごとに許可制か届出制かということを整理しておくとともに、許可権

者，届出権者が誰か，ということを覚えておき，過去問をひととおりチェックしておけば大丈夫でしょう。

4 宅地・建物の税（2問）

　宅地・建物の税からは，国税と地方税から各1問出題されます。たった2問とはいえヤマをはるのではなく，国税（所得税・贈与税・登録免許税・印紙税）と地方税（不動産取得税・固定資産税）を広く学習しておく必要があります（ただし，2問しか出題されないことを考えると，あまり時間をかけすぎるのは得策ではないでしょう）。

　なお前述したように，宅建試験は，その年の4月1日現在で施行されている法令をもとに出題されます。税法は例年，3月31日に改正法が公布され4月1日に施行されますので，改正内容をきちんとおさえておく必要があります。

　また，すでに公布されている法令でも，4月2日以降に施行されるものは，その年には出題されないことになっています。ただし，近い将来，改正法の施行が決まっているものについては，改正部分が出題されることはないでしょうから，そのことも頭に入れておくとよいでしょう。

宅地・建物の税の出題分布

		令和元年	2年		3年		4年	5年
			10月	12月	10月	12月		
国税	（譲渡）所得税	○	—	—	○	—	—	—
	登録免許税	—	—	○	—	○	—	—
	印紙税	—	○	—	—	—	○	○
地方税	不動産取得税	—	○	—	○	—	—	○
	固定資産税	○	—	○	—	○	—	—

5 宅地・建物の価格の評定（1問）

　この分野は，鑑定評価か地価公示法から毎年交互に出題されています。令和元年・2年12月・3年12月・4年は地価公示法からの出題で

したが，2年10月・3年10月・5年は鑑定評価からの出題でした。

　鑑定評価は難問が出題されることはないので，テキストや過去問にあたっておく程度でよいでしょう。また，地価公示法も出題条文が限られていますので，確実に正解したいところです。

6　宅建業法等（20問）

　この分野からは20問出題されます（うち1問は，住宅瑕疵担保履行法からの出題）。いうまでもなく主要3分野のうちでも最重要の分野です。民法などと比べて出題範囲が狭く，全体に出題傾向を把握しやすい反面，いくつかの条文をからませた複合問題や長文問題，個数選択問題等が多いため，正解を得るのは容易ではありません。

　宅建業法の出題構成は，第1章（総則）・第2章（免許）と第3章（宅地建物取引士）からそれぞれ2問～3問，第4章（営業保証金）から1問，第5章（業務）から10問～12問，第5章の2（宅地建物取引業保証協会）から1問，第6章（監督）と第8章（罰則）から1問出題されるものと思われます。

①第1章（総則）～第4章（営業保証金）

- ●第1章（総則）……以前は用語の定義から出題されたこともありましたが，最近は宅地・建物を売買するときに宅建業の免許が必要かどうか，という形式の問題が主流になってきています。
- ●第2章（免許）……5条の免許の基準（欠格要件）が中心となります。3条，4条の免許の申請，7条の免許換え，8条の業者名簿の記載事項，9条，11条の届出等も重要です。
- ●第3章（宅地建物取引士）……他の条文との複合問題が多く出題されますので，今まで出題された条文を中心として，確実に理解しておく必要があります。なお，16条から16条の19までと，17条の2は出題されません。
- ●第4章（営業保証金）……営業保証金の額，供託期間の数字などを確実に覚えておく必要はありますが，過去の試験問題をみると比較的点を取りやすい分野だといえます。

②第5章（業務）

　第5章の業務，つまり宅建業者が業務を行う場合に遵守しなければ

宅建業法の出題分布

章	項　目	令和元年	2年 10月	2年 12月	3年 10月	3年 12月	4年	5年
総則・免許	用語の定義	○	△	○	○	○	—	○
	免許の区分・申請・基準	○	○	○	○	○	△	○
	免許換え・業者名簿	—	—	△	—	△	—	○
	変更・廃業等の届出	—	△	△	—	△	—	△
宅建士・営業保証金	業務処理の原則等	—	△	—	—	—	△	△
	登　録	△	△	△	△	△	○	—
	登録の移転	—	—	—	△	△	△	—
	変更の登録・死亡等の届出	—	—	△	△	△	△	—
	宅建士証	—	○	△	△	—	△	—
	供託・保管換え・取戻し等	—	○	○	○	—	△	○
業　務	業務処理の原則・宅建士の設置	△	—	△	—	△	△	—
	広告に関する規制	△	△	○	△	△	○	△
	自己所有でない物件の契約締結制限	△	—	—	△	△	—	—
	取引態様の明示	△	△	—	△	△	△	△
	媒介契約	○	○	○	—	○	◎	◎
	重要事項の説明	◎	◎	◎	◎	◎	◎	◎
	供託所等の説明	—	—	—	—	○	—	—
	契約締結時期の制限等	△	—	—	—	—	—	—
	書面の交付	◎	◎	◎	◎	◎	◎	◎
	クーリング・オフ	○	○	○	○	○	○	○
	損害賠償額予定・手付額の制限等	△	○	△	△	△	○	○
	手付金等保全措置	○	○	○	△	△	—	—
	報　酬	○	○	○	○	○	○	○
	業務に関する禁止事項等	△	—	—	○	—	△	◎
	証明書の携帯・帳簿の備付け等	△	○	○	△	—	○	○
	標識の掲示・案内所等の届出	—	—	—	—	—	—	△
その他	弁済業務保証金・社員の加入等	○	○	○	○	○	○	○
	免許の取消し・登録の消除等	○	—	△	△	△	—	○
	業者間取引の適用除外等	—	—	—	—	—	—	—
	懲役・罰金, 過料	△	—	△	—	△	△	—

＊◎は2問出題, ○は1問出題, △は選択肢の一部として出題。

ならない事項からは，当然のことですが一番多く出題されます。

● 媒介契約……一般・専任・専属専任という3つのタイプの違いを理解しておきましょう。

● 重要事項の説明（35条）……毎年2～3問かならず出題されます。法令上の制限に関する事項等一定の事項については，契約内容の別に応じて説明すべき内容が異なっていますので注意してください。重要事項の説明からは特に，施行令，施行規則の詳細な内容にまで突っ込んだ出題が予想されますので，十分な対策を立てておく必要があります。

● 37条書面……35条の問題に混入されるのが37条の規定です。35条の説明事項と，37条書面の記載事項をきちんと整理して覚えておいてください。

● クーリング・オフ……確実に1問出題されるのが37条の2で，どこで売買契約等をしたときに，契約の解除等をすることができるのかを理解しておく必要があります。

● 報酬……売買・交換・貸借の媒介・代理の場合の報酬額の計算方法，権利金の授受がある場合の特例，空家等の売買・交換の特例について整理しておくとともに，報酬告示の規定によるほかは，依頼者の依頼によって行う広告料金に相当する額を除いて，報酬を受領できないことを覚えておく必要があります。

● その他……上記以外でも業務に関する条文は，32条（誇大広告等の禁止）から50条（標識の掲示等）まで，まんべんなく出題されていますので，すべての条文を暗記しておく意気ごみで勉強してください。また，令和4年度試験では，選択肢の一つとして「犯罪による収益の移転防止に関する法律」の規定による取引時確認が必要な取引（特定取引）についての問題が出題されました。今後出題される可能性は低いと思いますが，注意が必要です。

③第5章の2（保証協会）

保証協会に関する問題は，営業保証金関係の条文や監督処分関係の条文とからめて出題されるケースが多いので，注意してください。出題数は1問でしょう。

④第6章（監督処分）・第8章（罰則）

　監督処分，罰則に関する出題でやっかいなのは，罰則の種類です。要は，宅建業法は業者を取り締まる法律であるということですから，試験問題を解くときには，このことを頭に入れて判断していただきたいと思います。

⑤第7章（雑則）

　単独での出題はありませんが，選択肢の1つとして毎年のように出題されます。75条の2（守秘義務），78条（業者間取引の適用除外）を覚えておいてください。

　なお，令和3年5月26日，「地域の自主性及び自立性を高めるための改革の推進を図るための関係法律の整備に関する法律」（法律第44号）が公布され，宅建業の免許申請，変更・廃業・案内所の届出等にかかる都道府県経由事務が廃止されることとなりました（令和6年5月25日施行）。これにより，大臣免許業者が上記の届出等を行う場合に，主たる事務所の所在地を管轄する知事を経由するという宅建業法78条の3の規定が改正され，大臣に直接届け出ることになります。この場合，大臣は書類の写しを都道府県知事に送付しなければならないとされています。改正法は令和6年度試験の出題範囲ではありませんが，記憶にとどめておいてください。

⑥住宅瑕疵担保履行法

　この法律は，平成19年5月24日に公布され，21年10月1日に全面施行されたことに伴い，22年以降，1問出題されるようになりました。住宅販売瑕疵担保保証金の供託または住宅販売瑕疵担保責任保険契約の締結（資力確保措置）から出題されます。

　令和3年10月8日，国土交通省は「宅地建物取引業者による人の死の告知に関するガイドライン」を公表しました。本ガイドラインは，取引の対象不動産で過去に生じた人の死（自然死や，転倒事故，誤嚥など日常生活の中での不慮の死を除く）について，宅建業者が媒介を行う場合，売主・貸主に対し書面で告知することを求めています。ただし，事案発生からおおむね3年が経過した後は，原則として告げなくてもよいとされていますが，人の死の発生から経過した期間や死因

にかかわらず，買主・借主から事案の有無について問われた場合や，社会的影響の大きさから買主・借主において把握しておくべき特段の事情がある場合等は告げる必要があります。

7　宅地・建物の需給と取引の実務（3問）

　独立行政法人住宅金融支援機構の業務から1問出題されます。

　不当景品類及び不当表示防止法（景品表示法）については，不動産の表示に関する公正競争規約などから出題されています。具体的な事例をあげて，それが規制の対象となるかどうか，という出題パターンがほとんどです。

　またこの分野では，住宅統計，地価の動向等，不動産関連の数値が出題されますので，日頃から新聞や雑誌の関連記事をチェックしておく必要があります。

8　土地・建物の基礎知識（2問）

　土地からの出題内容は，住宅地の選定，土地の性質，建築物の敷地等が中心となり，建物については，木造建築物に関することや，建築物の構造など建築基準法施行令からの出題が中心となっています。いずれにしても，土地・建物の出題範囲は漠然としていますので，過去問をチェックしておく程度で十分でしょう。

4 法令を読むための基礎知識

1 はじめに

　宅建試験では，50問中9割以上が，宅地建物取引業法をはじめ，民法，都市計画法，建築基準法等，不動産取引に関する法令から出題されます。また，最近は，各法令の条文を正確に理解していないと解けないような問題が増えています。

　したがって，受験勉強を進めるにあたっては，可能な限り実際の条文にあたってみる必要があります。とりわけ，宅建試験の最重要分野である宅建業法からは，前述したように，法律だけではなく施行令・施行規則にわたる詳細な内容が，毎年出題されています。他の法律に比べて比較的わかりやすい文章で構成されていますから，実際の条文を読み込んでおくだけでも相当の効果があります。

　ただし，宅建試験で出題される法令のほとんどが，普通の六法には収録されていません。総務省が官報をもとに提供しているインターネットの「e-Gov法令データ提供システム」などを利用して，テキストや参考書に出てくる条文を確認しながら学習すると効果的です。

　法令を読んでいると，日常会話ではなじみのない特殊な用語がよく出てきます。また，日常使われている言葉でも，違った意味をもつことがあります。

　ここでは，法令でよく使われる基礎用語や，特殊な用語を簡単に解説するとともに，各種法令を理解するために必要な知識をまとめてみましたので，学習の参考にしていただきたいと思います。

2 法令のしくみ

「法令」とは，国の立法機関（国会）で制定された「法律」と，行政機関で制定された命令である「政令」「省令」をあわせている場合に使われる言葉です。場合によっては，地方公共団体（都道府県，市町村）で定められた「条例」などを含めることもあります。

　ちなみに「政令」とは，法律に基づいて内閣が制定する命令のことで，「省令」は各省の大臣が発する行政上の命令のことです。

施行令・施行規則

「施行令」とは，法律の施行にあたって必要な細則などを定めた政令のことです。法律の条文中にはよく「政令で定めるもの」といった表現が出てきますが，この場合の「政令」というのが，「施行令」のことなのです。

　　例：この法律において「特定工作物」とは，コンクリートプラント
　　　　その他……<u>政令で定めるもの</u>をいう。（都市計画法4条11項）

　この場合，都市計画法施行令1条で細部について定められています。

　施行規則には，法律の施行手続や，法律・政令の委任事項（申請書の様式，申請手続等）が規定されています。通常，法律の条文中に「省令」とあるのが，この施行規則のことです（例：宅地建物取引業法施行規則）。

本則・附則

　法令は，本則と附則とで構成されています。「本則」は，いわばその法令の本体部分で，「附則」とは，その法令の施行期日，法令施行に伴う経過的措置，慣例法令の改廃等を規定した付帯部分といえます。

本文・但書（ただし書）

　たとえば，ある条文の中に2つの文章があって，後の文章が「ただし（但）」という言葉からはじまっている場合，この文章を「但書」といいます。但書に対して，前のほうの文章を「本文」と呼んでいます。

　但書は通常，本文に対して例外的，限定的な内容を定める場合に使われます。

項・号

「項」というのは，一つの条文の内容が複雑で長くなってしまうような場合，一つひとつの規定を区分するために，行をかえて書かれたひとかたまりの規定のことです。法令の条文中，「1，2……」と算用数字で表示されているのがこれで，第1項，第2項……といいます（本書では①②…と丸付数字で表しています）。

　また，いくつかの事項を列挙する場合に，「一，二……」と整理して書いてある場合がありますが，これを第1号，第2号……と呼びます。

前段・後段

　たとえば，1つの条文中に2つの文章があって，後の文章が但書になっていない場合，前の文章を「前段」，後の方を「後段」といいます。

■3　法令でよく使われる用語

準　用

「準用」とは，本来Aという事項について定めている条文を，Aに類似しているBという事項について，Aの条文に必要な読み替えをして適用されることをいいます。

　例：先取特権の効力については，この節に定めるもののほか，その
　　　性質に反しない限り，抵当権に関する規定を準用する。（民法
　　　341条）

　つまり，370条（抵当権の効力の及ぶ範囲），375条（抵当権の被担保債権の範囲）などの規定が準用され，「抵当権」という文言を「先取特権」と読み替えて適用されることになります。

許可・認可・免許・確認・協議

「許可」とは，法令によって一般に禁止されている行為を，許可を得た場合に限って，禁止を解除して，適法にその行為をできるようにする行政処分のことです。たとえば建設業の営業許可の場合，その許可を得た者のみが建設業を行うことができるようになります。

「認可」とは，公共機関の同意によって，ある一定の行為が効力を発生する場合の，その同意を与える行政行為のことです。たとえば公共料金の値上げ等は，所管大臣の認可がなければ行うことはできません。

「免許」は，前述の許可と同じように，公の行政処分の一種で，内容はほとんど許可と同じ意味を持っています。

　例：宅地建物取引業を営もうとする者は，……免許を受けなければ
　　　ならない。（宅地建物取引業法3条）

「確認」とは，特定事項について，公の権威をもって，適法であるか否かを確定する行政行為のことをいいます。

　例：建築主は，……建築物を建築しようとする場合……建築主事又
　　　は建築副主事（以下「建築主事等」という。）の確認……を受
　　　け，確認済証の交付を受けなければならない。（建築基準法6

条）

「協議」とは，国または地方公共団体が一定の行為を行う場合，その行為について許認可権のある行政機関に，申請書にあたる協議書を提出します。協議がととのえば，許認可があったものとみなされます。

　　例：国又は都道府県，指定都市若しくは中核市が宅地造成等工事規制区域内において行う宅地造成等に関する工事については，これらの者と都道府県知事との<u>協議</u>が成立することをもつて第12条第1項の許可があつたものとみなす。（宅地造成及び特定盛土等規制法15条）

この限りではない

前に書いてあることを打ち消す意味で使われます。

　　例：都市計画区域又は準都市計画区域内において開発行為をしようとする者は，あらかじめ……都道府県知事……の許可を受けなければならない。ただし，次に掲げる開発行為については，こ<u>の限りではない</u>。（都市計画法29条）

遅滞なく・速やかに・直ちに

　この三つの言葉は，ともに時間の即時制を表わしていますが，その意味には若干の違いがあります。

「遅滞なく」は，時間的即時性は当然強く要求されますが，正当または合理的な理由に基づく遅滞は許される，と解されており，事情の許す限り速やかに，という意味を表わす場合によく用いられています。

「速やかに」は，できるだけ速く，という趣旨を表わす場合に使われ，訓示的意味をもち，これに違反すれば義務を怠ったものとして扱われますが，即違法ということにならない場合が多いようです。

　これに対して，「直ちに」は，この中ではもっとも時間的即時性が強く，何をおいてもすぐに，という趣旨で多く使われます。「直ちに」または「速やかに」の場合は，遅れた場合は不当というだけではなく，違法ということになり，罰則を適用されることも少なくありません。

　　例：第18条第1項の登録を受けている者は，登録を受けている事項に変更があつたときは，<u>遅滞なく</u>，変更の登録を申請しなければならない。（宅地建物取引業法20条）

　　例：宅地建物取引士は，第68条第2項又は第4項の規定による禁止

の処分を受けたときは，<u>速やかに</u>，宅地建物取引士証をその交付を受けた都道府県知事に提出しなければならない。（同法22条の2第7項）

例：前項の規定により宅地建物取引士証の提出を受けた都道府県知事は，同項の禁止の期間が満了した場合においてその提出者から返還の請求があつたときは，<u>直ちに</u>，当該宅地建物取引士証を返還しなければならない。（同条7項）

又<small>また</small>は・若<small>も</small>しくは

「又は」「若しくは」は，ともに語句を選択的に並べる場合の接続詞として使われますが，次のように使い分けています。

接続する言葉に段階がある場合，小さい意味の接続には「若しくは」を使い，大きい意味の接続には「又は」を使用します。

接続が三段階以上になる場合は，一番大きい意味の接続だけに「又は」を使用し，それより小さな接続はいくつあっても「若しくは」でつながれます。

例：（宅地建物取引業とは）宅地<u>若しくは</u>建物……の売買<u>若しくは</u>交換<u>又は</u>宅地<u>若しくは</u>建物の売買，交換<u>若しくは</u>貸借の代理<u>若しくは</u>媒介をする行為で業として行うものをいう。（宅地建物取引業法2条2号）

及び・並びに

「及び」「並びに」は，ともに語句を並列的に並べる場合の接続詞として使われます。通常は「法律，政令及び規則」というように「及び」を使いますが，接続が二段階になる場合は，小さい意味の接続には「及び」，大きい接続には「並びに」が使われます。

例：この法律<u>並びに</u>これに基づく命令<u>及び</u>条例の規定は……。（建築基準法3条1項）

みなす・推定する

「みなす（見做す）」は，元来性質の違っている事物であるAとBを，ある法律関係で同一視するということです。この場合，事実と違っているからといって反証をあげても，くつがえすことはできません。

例：胎児は，相続については，既に生まれたものと<u>みなす</u>。（民法886条1項）

これに対して「推定する」は，AとBとが同一のものかどうか不明の場合に，ある法令の関係では同一視して，Aについて生じる法律効果をBについても生じさせようという場合に使われます。ただし，当事者がAとBは違うということを立証すれば，その法律効果は発生しないことになっています。

例：数人の者が死亡した場合において，そのうちの一人が他の者の死亡後になお生存していたことが明らかでないときは，これらの者は，同時に死亡したものと推定する。（民法32条の2）

以上・以下，超える・未満

「1万円以上」といえば，1万円を含んでそれより多いことを表わし，「2万円以下」は，2万円を含んでそれより少ないことを表わします。

これに対して，基準となる数量を含めない場合に，「超える」「未満」を使います。たとえば「1万円未満」といえば，1万円は含まれません。

懲役・禁錮・罰金・拘留・科料（過料・執行猶予）

いずれも刑罰の種類で，「懲役」が一番重く，以下順に軽い刑罰となります。

「懲役」は，1カ月以上20年以下の期間，刑務所に拘置され作業に服する刑，「禁錮」は懲役と同様，刑務所に拘置されますが，作業は科されません。

「罰金」は1万円以上，「拘留」は1日以上30日未満の間拘置場に拘置される刑，「科料」は千円以上1万円未満，と刑法で定められています。

また，「過料」は法制上いろいろな意味の金銭罰として使われていますが，刑罰として科されるものではなく，刑法や刑事訴訟法の適用はありません。

なお，前に禁錮以上の刑に処せられたことのない者等が，3年以下の懲役，禁錮または50万円以下の罰金言い渡しを受けた場合，情状により裁判確定の日から1年以上5年以下の期間内，その執行が猶予されることがあります。これを「執行猶予」といいます。

執行猶予の言い渡しを取り消されることなく執行猶予期間を経過したときは，刑の言い渡しはその効力を失い，その刑は最初からなかったことになります。

同様に，刑を言い渡された場合でも，高等裁判所に控訴し裁判が係属中であれば，刑が確定しているわけではないので，宅建業の免許や宅建士の登録を受けることができます。

　令和4年6月17日，懲役刑と禁錮刑を一本化した「拘禁刑」を創設する「刑法等の一部を改正する法律」（法律第67号）が公布されました（一部の規定を除いて令和7年6月1日施行）。刑の種類や名称が変更されるのは，明治40（1907）年の刑法制定以来初めてとなります。
　受刑者の身体の自由を剥奪する自由刑には，上述のとおり，刑務作業を義務付ける懲役と，作業義務のない禁錮，拘留があり，いずれも刑事施設に拘置されます。拘禁刑は，受刑者を刑事施設に拘置するものの，刑期の過ごし方に柔軟性を持たせ，作業を行わせたり，指導を受けさせたりできるようにする内容です。
　懲役をめぐっては，刑務作業に一定の時間を割く必要があるため，更生や再犯防止に向けた指導を十分に行えない問題点が指摘されていました。教育を受ける機会が少なかった若年受刑者には，学習指導により多くの時間を割くなど，個々の受刑者に合わせた処遇が可能となります。

2 重要事項の
ポイント整理

制限行為能力者　　□□□★★

1 制限行為能力者の概要　　　　　□□□

制限行為能力者	未成年者	成年被後見人	被保佐人	被補助人
要　　件	満18歳に達しない者	精神上の障害により事理を弁識する能力を欠く常況にある者	精神上の障害により事理を弁識する能力が著しく不十分な者	精神上の障害により事理を弁識する能力が不十分な者
保　護　者	法定代理人（親権者，未成年後見人）	成年後見人	保佐人	補助人
単独で有効にできる行為	● 単に権利を得または，義務を免れる行為 ● 保護者が許した財産の処分	日用品の購入その他日常生活に関する法律行為	民法13条1項に掲げる行為以外，日用品の購入その他日常生活に関する法律行為	補助人の同意を得なければならない法律行為以外
その他の行為	親権者等の同意を得ないでした行為は取消しができる	取消しができる	保佐人の同意を得ないでした行為は取消しができる	補助人の同意を得ないでした行為は取消しができる
取消権者	本人，保護者			
参考条文	4条〜6条	7条〜9条	11条〜13条	15条〜17条

＊民法13条1項に掲げる「保佐人の同意を要する行為」

① 元本の領収，利用

② 借財または保証

③ 不動産その他の重要財産に関する権利の得喪を目的とする行為

④ 訴訟行為

⑤ 贈与，和解，仲裁合意

⑥ 相続の承認・放棄，遺産分割

⑦　贈与の申込みの拒絶，遺贈の放棄，負担付贈与の
申込みの承諾，負担付遺贈の承認
⑧　新築，改築，増築，大修繕
⑨　宅地5年，建物3年を超える賃貸借
⑩　制限行為能力者の法定代理人として上記①〜⑨の
行為をすること。

2　制限行為能力者のポイント　□□□

①　営業を許可された未成年者は，その営業に関して
は，成年者と同一の行為能力を有する。　　　　　法6条①

②　制限行為能力者が行為能力者であることを信じさ
せるため詐術を用いたときは，その行為を取り消す
ことができない。　　　　　　　　　　　　　　法21条

③　親権を行う者が数人の子に対して親権を行う場合
において，その一人と他の子との利益が相反する行
為については，親権を行う者は，その一方のために
特別代理人を選任することを家庭裁判所に請求しな
ければならない。　　　　　　　　　　　　　　法826条②

④　未成年後見人は，未成年者に対して最後に親権を
行う者が遺言で指定することができる。　　　　法839条

⑤　成年後見人は，成年被後見人に代わって，その居
住の用に供する建物またはその敷地について，売却，
賃貸，賃貸借の解除または抵当権の設定その他これ
らに準ずる処分をするには，家庭裁判所の許可を得
なければならない。　　　　　　　　　　　　　法859条の3

（注）成年年齢を20歳から18歳に引き下げるとともに，女性
の婚姻年齢を18歳に引き上げる改正法が令和4年4月
1日に施行された。これに伴い，民法753条の「婚姻に
よる成年擬制」の規定は削除された。

法律行為　□□□★★★

1 法律行為の成立要件　□□□

① 意思表示に瑕疵（欠陥）がないこと
② 法律行為の内容が確定していること
③ 法律行為の内容が事実上，法律上可能であること
④ 法律行為の内容が適法であり，公序良俗に反しないこと

2 法律行為の無効・取消し　□□□

	事 例	効 力	主 張	追 認
無効	意思無能力者の行為（3条の2）公序良俗違反行為（90条）虚偽表示（94条）不法条件付法律行為（132条）	はじめから効力を生じない。	特定人の主張を要せず，当然に効力がない。放置しておいても効果に変化はない。	追認しても効力を生じない。無効なことを知って追認したときは，新たな行為をしたものとみなす（119条）。
取消し	制限行為能力者の行為（5条，9条，13条，17条）錯誤による意思表示(95条)詐欺・強迫による意思表示（96条）	取消しがあるまでは有効。取消権者(120条)の取消しがあると，はじめから無効となる（121条）。	取消権者の主張（取消し）が必要である（120条）。取消権は時効によって消滅する（126条）。	追認すれば，確定的に有効となる(122条，125条)。

＊取り消すことのできる権利は，追認することができる時から**5年間**行使しないと時効によって消滅する。また，行為の時から**20年**が経過すると消滅する（126条）。

民　　法

1

意思表示 □□□★★★★★

1 意思の不存在と瑕疵 □□□

意思の不存在	心裡留保 （93条）	表示と内心の意思が不一致であることを知りながら意思表示をすること	原則として，**有効**である
	虚偽表示 （94条）	相手方と通じて，内心の意思と表示とが不一致の意思表示をすること	原則として，**無効**である
	錯　誤 （95条）	間違って真意と異なる意思表示をすること。また，真意通りに意思表示をしているが，その真意が何らかの誤解に基づく場合	原則として，**取り消すことができる**
意思の瑕疵 （96条）	詐　欺	他人をあざむいて，錯誤におとしいれ，意思表示をさせること	原則として，**取り消すことができる**
	強　迫	相手方に害意を示し，それによって畏怖の念を生じさせ，意思表示をさせること	**取り消すことができる**

① **心裡留保**の意思表示は，相手方が真意を知りまたは普通の注意をすれば知り得た場合には無効となる（善意の第三者に対抗することはできない）。　法93条

② **虚偽表示**の無効は，善意の第三者に対抗することができない。　法94条②

③ **錯誤**による意思表示の取消しは，善意・無過失の第三者に対抗することができない。また，表意者に重大な過失があったときは，意思表示の取消しをすることができない。　法95条

④ **詐欺**による意思表示の取消しは，善意・無過失の第三者に対抗することはできないが，**強迫**の場合は，誰に対しても主張することができる。　法96条③

代　理　　　　　　　　　□□□★★★★

1 代理のしくみ　　　　　　　　　　　□□□

① 他人（代理人）が本人のために，相手方に対して
意思表示をすることによって，直接本人に対してそ
の意思表示の効果を発生させる行為

② 代理による**法律効果**は，直接**本人**について生じる。

③ 代理人は，本人のためにすることを示して代理行
為をしなければならない。

④ 代理人が本人のためにすることを示さないでした
意思表示でも，相手方が，代理人が本人のためにす
ることを知り，または知ることができたときは，本
人に対して直接にその効力を生ずる。

⑤ 代理行為に瑕疵（意思の不存在，錯誤，詐欺，強
迫）があった場合は，本人ではなく，代理人につい
て判断される。

⑥ 特定の法律行為を委託された代理人がその行為を
したときは，本人は，自ら知っていた事情について
代理人が知らなかったことを主張できない。

⑦ **制限行為能力者**が代理人としてした行為は，行為
能力の制限によっては**取り消すことができない**。た
だし，制限行為能力者が他の制限行為能力者の法定
代理人としてした行為については，行為能力の制限
の規定によって取り消すことができる。

法99条

法100条

法101条①

法101条③

法102条

2 代理権の範囲と制限　　　　　　　　□□□

① 代理権の範囲は，法定代理の場合は法律の規定に
従い，任意代理の場合は契約の定めるところに従う
が，権限の定めのない代理人は，**保存行為・利用行
為・改良行為**のみを行うことができる。

② 自己の法律行為について相手方の代理人となった
り（**自己契約**），契約の当事者双方の代理人となるこ

法103条

法108条

と（**双方代理**），代理人と本人との利益が相反する行為は，債務の履行および本人があらかじめ許諾した行為を除いて無権代理行為とみなされる。

3 復 代 理　□□□

① 復代理人は代理人によって選任されるが，あくまでも**本人の代理人**である。

② **任意代理人**は，**本人の許諾**を得たときや，**やむを得ない事由**があるときを除いて，原則として復代理人を選任することができない。　法104条

③ **法定代理人**は，自己の責任において自由に復代理人を選任することができる。　法106条

4 表見代理　□□□

種　類	意　義	要　件
代理権授与の表示による表見代理（109条）	本人が代理権を授与した旨の表示をしておきながら実際は授与しなかった場合	①本人が第三者に対して，ある人に代理権を与えた旨の表示をしたが，実際には与えていないこと ②表示の方式は自由で，書面によると口頭によるとを問わない ③無権代理人が表示された代理権の範囲内で代理行為をすること ④相手方が善意・無過失であること
権限外の行為の表見代理（110条）	代理人が与えられた代理権の範囲を逸脱して代理行為を行った場合	①いわゆる基本代理権が存在し，代理人がその権限を逸脱した事項について代理行為をしたこと ②代理権ありと相手方が誤信し，かつ，そのように誤信するについて正当な理由があること（相手方が善意・無過失であること）
代理権消滅後の表見代理（112条）	代理権の消滅後に代理人が代理行為を行った場合	①かつて存在していた代理権が，代理行為当時に消滅していたこと ②かつて存在していた代理権の範囲内に含まれる代理行為をしたこと ③代理権が消滅したことについて，相手方が善意・無過失であること

5 代理権の消滅事由 □□□

① **本人**の死亡　　　　　　　　　　　　　　　　法111条

② **代理人**の死亡，破産手続開始の決定，後見開始の
審判

6 無権代理 □□□

① 代理人が自己または第三者の利益を図る目的で代　法107条
理権の範囲内の行為をした場合，相手方がその目的
を知り，または知ることができたときは，その行為
は，無権代理とみなされる。

② 同一の法律行為について，相手方の代理人として，　法108条
または当事者双方の代理人としてした行為は，無権
代理とみなされる。

③ 無権代理人が本人のためにすることを示して行っ　法113条
た法律行為は，なんら本人に効果が及ばないが，本
人が**追認**すると，はじめにさかのぼって**有効な代理**　法116条
行為として扱われる。

④ 無権代理行為の相手方は，本人に対し，一定期間　法114条
を定めて追認をするか否かを**催告**することができ，
その期間内に追認がなければ，追認を**拒絶**したもの
とみなされる。

⑤ 無権代理行為の相手方（善意の場合のみ）は，本　法115条
人が追認する前であれば，本人・無権代理人のいず
れに対しても，その契約を取り消すことができる。

⑥ 無権代理人は，無権代理行為について無効と確定　法117条
した場合は，相手方に対し**契約の履行**または**損害賠**
償の責任を負わなければならない。

46

民　　法

条件・期限／不在者の財産の管理 □□□★★

1 条　件　　　　　　　　　　　　　　　　　□□□

① 条件とは，将来一定の事実が発生するかどうか未
定であるが，その事実が発生した場合には，法律行
為の効力が発生し，または消滅すると定めることを
いう。

② **停止条件**……法律行為の効力の**発生**を将来の不確　法127条
実な事実の成否にかからしめることをいう。停止条
件は，条件成就のときに効力を生ずる。

③ **解除条件**……法律行為の効力の**消滅**を将来の不確
実な事実の成否にかからしめることをいう。解除条
件は，**条件成就**のときに効力を失う。

④ 条件付法律行為の各当事者は，条件の成否が未定　法128条
である間は，条件が成就した場合にその法律行為か
ら生ずべき相手方の利益を害することができない。

⑤ 条件の成否が未定である間における当事者の権利　法129条
義務は，一般の規定に従い，処分・相続・保存し，
またはそのために担保を供することができる。

⑥ 条件が成就することによって不利益を受ける当事　法130条
者が故意にその条件の成就を妨げたときは，相手方
は，その条件が成就したものとみなすことができる。

⑦ 過去の事実や，将来発生する可能性がないことが　法131条
明らかな事実を条件（**既成条件**，**不能条件**）とする　法133条
ことはできない。

⑧ **不法条件**は，法律行為自体が無効となる。

2 期　限　　　　　　　　　　　　　　　　　□□□

① 将来必ず生ずる事実に契約の効力をかからしめる
場合を，期限が付されているという。

② 期限が効力を発生させるものであるときの期限を
「始期」，消滅させるものであるときの期限を「終期」

という。

③ 時期が確定している期限を「**確定期限**」といい，時期が不確定な期限のことを「**不確定期限**」という。

④ **期限の利益**……期限は，債務者の利益のために定められたものと推定される（弁済について期限が定められている場合には，その期限までは弁済しなくともよい）。　法136条①

⑤ 期限の利益は放棄することができる（期限の利益を放棄して弁済することは可能）。　法136条②

3 期間の計算　□□□

① 日，週，月または年によって期間を定めたときは，期間の初日は，算入しない。　法140条

② その場合，期間は，その末日の終了をもって満了する。なお，期間の末日が日曜日，国民の祝日その他の休日に当たるときは，その日に取引をしない慣習がある場合に限り，期間はその翌日に満了する。　法141条　法142条

4 不在者の財産の管理　□□□

① 不在者が財産の管理人を置かなかったときは，家庭裁判所は，利害関係人または検察官の請求により，その財産の管理について必要な処分を命ずることができる。　法25条

② 不在者が管理人を置いた場合において，その不在者の生死が明らかでないときは，家庭裁判所は，利害関係人または検察官の請求により，管理人を改任することができる。　法26条

③ 家庭裁判所が選任した管理人の権限は，保存行為および利用・改良を目的とする行為に限定されており，管理人が権限を超える行為をするときは，家庭裁判所の許可が必要である。　法28条・103条

民　　法

時　効　　　　　　　　□□□★★

1 時効制度の概要　　　　　　　　　　　□□□

① 時効とは，真実の権利関係と異なる事実状態を長い間継続した場合，その事実状態を尊重して権利関係を認める制度である。

② 時効には，取得時効と消滅時効の2つがある。

- ● **取得時効**……他人の物を一定期間あたかもその所有者のように占有することによって，その物の所有権を取得することを認める
- ● **消滅時効**……権利を行使しない状態が一定期間継続することによって権利が消滅する

〈参照条文〉

法162条，163条

法166条，167条

	取 得 時 効	消 滅 時 効
対象となる権利	所有権，地上権，永小作権，地役権等	債権，物権(所有権，担保物権等を除く)
時効の完成に必要な期間	● 平穏・公然 ⇨ 20年 ● 占有開始時に善意・無過失) ⇨ 10年	債権の場合 ● 知った時から ⇨ 5年 ● 権利を行使できる時から ⇨ 10年
完成猶予・更新事由	裁判上の請求等，強制執行等	
完成猶予事由	仮差押え等，催告，協議を行う旨の合意	
更新事由	承認	
時効の完成	時効によって利益を受ける者が，時効を援用(主張)しないと，その利益は受けられない。なお，時効の完成前に時効の利益を放棄することはできない。	

2 時効制度の留意点　　　　　　　　　　□□□

① 所有権は消滅時効にかかることはない。

② 時効の**遡及効**……時効の効力は，その起算日(時効期間の最初)にさかのぼって生ずる。

法144条

民　法

物権の変動・占有権・所有権　□□□★★★★

1　民法上の物権　　　　　　　　　　　　　　□□□

① 　占有権・所有権

② 　制限物権

● 用益物権……地上権・永小作権・地役権・入会権

● 担保物権……留置権・先取特権・質権・抵当権

登記できる権利　　　　　　　　　　　　　不登法3条

登記できる権利	所有権，地上権，永小作権，地役権，（不動産の）先取特権，（不動産の）質権，抵当権
登記が不要な（登記できない）権利	占有権，留置権，一般の先取特権，入会権
物権ではないが登記できる権利	（不動産の）賃借権 配偶者居住権

2　不動産物権変動の対抗要件　　　　　　　　□□□

① 　不動産に関する物権の変動は，**登記**がなければ第　法177条
三者に対抗することができない。

② 　登記がなくても対抗できる第三者の範囲

● 無権利者またはこれらの者から権利を譲り受けた者

● 不法行為者

● 詐欺または強迫により登記の申請を妨げた第三者

● 他人のために登記を申請する義務がある者

● 背信的悪意者

3　取得時効と登記　　　　　　　　　　　　　□□□

① 　時効取得者は，時効完成時の権利者に対しては，登記なくして時効による取得を対抗することができる。

② ただし，時効完成後に現れた第三者との関係にお
いて時効取得を対抗するためには，登記が必要とな
る（時効取得したからといって，登記しないまま放
置しておくというのは妥当ではないとみなされてい
る）。

4　占 有 権　□□□

① 土地を**現実に使用している**という状態があれば，
所有権や地上権等の権原がなくても占有権を取得す
る。

法180条

② 占有者は，占有物を返還する場合においては，そ
の物の保存のために要した金額その他の必要費を所
有者に償還請求することができる。

法196条

③ **占有訴権**……他人によってその占有を妨害された
場合には，占有者は，現在の占有者に対してその排
除・阻止を請求することができる。

法197条

④ 占有者がその占有を奪われたときは，**占有回収の
訴え**により，その物の返還および損害の賠償を請求
することができる。ただしこの訴えは，占有を侵奪
した者の特定承継人（買主など）に対して提起する
ことができないが，その承継人が侵奪の事実を知っ
ていたときは，この限りでない。

法200条

⑤ 占有権は，占有者が占有の意思を放棄し，または
占有物の所持を失うことによって消滅する。ただし，
占有者が占有回収の訴えを提起したときは，この限
りでない。

法203条

5　所 有 権　□□□

① 所有権は，物を自由に使用，収益および処分する
ことができる権利である。

② 所有権の行使にあたっては，他の権利の行使と同
様に公共の福祉に従い，その濫用は許されない。

相隣関係・共有　　　　□□□★★★

1 相隣関係(そうりん)　　　　　　　　　　　　□□□

① **隣地の使用請求権**……土地の所有者は，境界付近 ┊法209条①
の障壁，建物その他の工作物の築造，修繕等のため
必要な範囲内で，隣地を使用することができる（た
だし，住家への立ち入りは居住者の承諾が必要）。

② **公道に至るための他の土地の通行権**……袋地の所 ┊法210条, 211条
有者は，公道に出るために，その土地を囲んでいる
他の土地を通行することができる。ただし，通行の
ために必要にして，かつ他の土地のために最も損害
の少ない方法・場所を選ばなければならない。

③ **分割・譲渡による袋地**……土地の分割や土地の一 ┊法213条①
部の譲渡によって袋地が生じたときは，袋地所有者
等は，公道に至るため，他の分割者の所有地を，償
金を支払うことなく通行することができる。

④ **電気・ガス・水道等の設備の設置・使用権**……土 ┊法213条の2①
地の所有者は，他の土地に設備を設置し，または他
人が所有する設備を使用しなければ電気・ガス・水
道等の継続的給付を受けることができないときは，
必要な範囲内で，他の土地に設備を設置し，または
他人が所有する設備を使用することができる。

⑤ **竹木の枝の切除・根の切取り**……土地の所有者は, ┊法233条
隣地の竹木の枝が境界線を越えるときは，その竹木
の所有者に枝を切除させることができ，催告したに
もかかわらず相当の期間内に切除しないときは，自
ら枝を切り取ることができる。また，隣地の竹木の
根が境界線を越えるときは，その根を切り取ること
ができる。

2 共　　有　　　　　　　　　　　　　□□□

① 各共有者は，共有物の全部について，その**持分の** ┊法249条①

割合に応じた使用をすることができる。

② **共有物の変更** ⇨ 全員の同意が必要　　法251条①

③ **共有物の管理** ⇨ 持分の過半数の同意が必要　　法252条①

④ **共有物の保存** ⇨ 単独ですることができる

⑤ **共有物の管理者**は，共有物の管理に関する行為を　　法252条の2①
することができる。ただし，共有者全員の同意を得
なければ，共有物を変更することができない（その
形状・効用の著しい変更を伴わないものを除く）。

⑥　各共有者は，その持分に応じ共有物の変更・管理・　　法253条
保存に必要な費用を負担しなければならない。

⑦　共有者は，自己の持分を自由に譲渡・放棄するこ　　法255条
とができる。共有者の一人が，その持分を放棄した
り，相続人なくして死亡したときには，その持分は
他の共有者に帰属する。

⑧　各共有者は，いつでも共有物の分割を請求するこ　　法256条
とができる。ただし，共有者全員で**5年以内**の期間
を定めて分割禁止の特約をすることができる。

3　所有者不明土地管理命令・管理不全土地管理命令　　□□□

①　裁判所は，所有者不明土地について，利害関係人　　法264条の2
の請求により，裁判所が選任した所有者不明土地管
理人による管理を命ずる処分をすることができる。

②　所有者不明土地等の管理権限は，所有者不明土地
管理人に専属する。ただし，土地の売却等をするに
は，裁判所の許可を得なければならない。

③　裁判所は，所有者による土地の管理が不適当なこ　　法264条の9
とによって他人の権利等が侵害されおそれがある場
合に，管理の必要があると認めるときは，利害関係
人の請求により，裁判所が選任した管理不全土地管
理人による管理を命ずる処分をすることができる。

④　命令の効力は，管理不全土地のほか，土地にある
所有者の動産，管理人が得た売却代金等にも及ぶ。

用益物権　　　　　　　　　□□□★★

1 地上権　　　　　　　　　　□□□

① 　地上権とは，他人の土地で**工作物や竹木等を所有** ｜ 法265条
するため，その土地を**使用する権利**をいう。

② 　地上権の取得を第三者に対抗するためには登記が
必要である。

③ 　地上権は，土地所有者と土地利用者との間の地上 ｜ 法266条
権設定契約によって設定されるが，**地代の支払い**は
地上権の要素ではなく，無償の地上権もありうる。

④ 　地上権は，抵当権の目的とすることができ，地主
の承諾を得ずに他人に譲渡することができる。

⑤ 　地上権の効力は土地の上下に排他的に及び，地下 ｜ 法269条の2
鉄や高架線等の建設のために，一定の地下または空
間にも地上権を設定することができる（**区分地上権**）。

2 地役権（ち　えき　けん）　　　　　　　　　　□□□

① 　地役権は，設定行為をもって定めた目的（通行， ｜ 法280条
引水等）にしたがい，他人の土地を自己の便益に供
する権利である。この場合，利用される側の土地を
承 役地（しょうえき　ち）といい，他人の土地を利用することが必要
な土地を**要役地**（ようえき　ち）という。

② 　**地役権の付従性**……地役権は，要役地の便益のた ｜ 法281条
めに成立しているものであり，要役地から分離して
譲渡したり，他の権利の目的とすることはできない。

③ 　**地役権の不可分性**……要役地・承役地が共有であ ｜ 法282条
るときには，共有者の一人がその持分を消滅させる
ことはできない。

　地役権は，継続的に行使され，かつ，外形上認識す ｜ 法283条
ることができるものに限り，時効によって取得する
ことができる。また，共有者の一人が時効によって
地役権を取得すると，他の共有者もこれを取得する。

民　　法

担保物権 ★★★

1 担保物権

① 担保物権（留置権・先取特権・質権・抵当権）とは，ある債権の弁済を確保するために，他人の物の担保価値を利用する権利である。

② 担保物権の性質

- **付従性**……債権がなければ成立せず，また債権が消滅すれば消滅する
- **随伴性**……債権が譲渡されると，担保物権もこれに従って移転する
- **不可分性**……債権の全部の弁済を受けるまでは，目的物の全部についてその権利を行使することができる
- **物上代位性**……目的物の売却・賃貸等により債務者が受けるべき金銭その他の物に対しても行使することができる（ただし，留置権はその物の留置を目的とするため，物上代位性は有しない）

2 留置権

① 他人の物を占有する者が，その物に関して生じた債権の弁済を受けるまでその物を占有することができる権利である。

法295条①

② 建物の賃借人が賃借中に建物に必要な修繕をした場合，その必要費の償還を受けるまで，留置権に基づいてその建物の返還を拒むことができる。

③ 留置権は**物の占有**を要件としているため，目的物が不動産であっても，登記は対抗要件とならない。

④ 留置権者は，善良な管理者の注意をもって，留置物を占有しなければならない。

法298条①

3 先取特権

① 一定の債権を有する者が，債務者の財産について，

法303条

優先弁済を受けることができる権利である。

② 先取特権の種類
- ●債務者の全財産を対象とする**一般の先取特権**
- ●債務者の特定の財産を対象とする**動産の先取特権**
- ●**不動産の先取特権**（不動産の保存に要した費用に関する「不動産保存の先取特権」，工事費用に関する「不動産工事の先取特権」，売買代金に関する「不動産売買の先取特権」の3種がある）

③ 動産の先取特権のうち，不動産賃貸の先取特権は，その不動産の賃料等の賃貸借関係から生じた賃借人の債務に関し，賃借人の動産について存在する。 法312条

④ 建物の賃貸人の先取特権は，賃借人（転借人）がその建物に備え付けた動産，転貸人が受けるべき金銭について存在する。 法313条② 法314条

⑤ 一般の先取特権と不動産の先取特権が競合するときは，不動産の先取特権が優先する。 法329条②

4 質　権　□□□

① 債権者がその債権の担保として債務者または第三者から受け取った物を，債務の弁済がなされるまで留置し，弁済がなされない場合には，その物から優先弁済を受けることができる権利である。 法342条

② 質権者は，善良な管理者の注意をもって，留置物を占有しなければならない。 法350条

③ 質権は契約によって設定され，目的物の**継続的占有**が第三者対抗要件であるが，不動産質権の場合は**登記**が対抗要件である。 法352条

④ 不動産質権は，質権の目的物である不動産の引渡しを受け，その不動産の用法に従い使用・収益することができる権利である。 法356条

⑤ 不動産質権者は，その債権の利息を請求することができず，不動産質権の存続期間は，10年を超えることができない。 法358条 法360条

民　法

1

抵 当 権

□□□ **★★★★★**

1 抵当権の設定

□□□

① 抵当権は，質権とは異なり，**債権者と抵当権設定者の合意**（抵当権設定契約）によって成立する。

② 目的物の引渡しを必要とせず，また登記は第三者対抗要件にすぎない。

③ 抵当権の目的物 ⇨ 不動産と地上権，永小作権 … 法369条

④ 抵当権の効力の及ぶ範囲

- **付加物**に対する効力……家屋の造作，庭など … 法370条
- **従物**に対する効力……畳，建具など
- **果実**に対する効力……野菜などの天然果実と賃料などの法定果実（債務不履行が生じた後） … 法371条

⑤ 被担保債権の範囲 ⇨ **元本**と，満期となった最後の2年分の利息 … 法375条①

2 抵当権の優先順位

□□□

① 不動産に数個の抵当権が競合する場合 ⇨ **登記の前後** … 法373条①

② 抵当権と登記された不動産保存・工事の先取特権が競合する場合 ⇨ 不動産の先取特権が優先 … 法339条

3 抵当権の処分

□□□

① 転抵当……抵当権者は，自ら別の不動産の上に有する抵当権をもって，自分が他の債権者に対し負っている債務の担保とすることができる。 … 法376条①

② 抵当権の譲渡……抵当権を有する債権者は，同一債務者に対する無担保債権者に対して，その抵当権を譲渡することができる。

③ 抵当権の順位の譲渡……抵当権の順位は，抵当権者の合意によって譲渡することができる。

④ 抵当権の順位の放棄……抵当権者は，同一債務者に対して抵当権を有する他の債権者の利益のために，

その順位を放棄することができる。

4 法定地上権　□□□

① 抵当権設定当時すでに**土地**と**建物**とが存在し，両　法388条
者が**同一人の所有**に属している場合に，その一方に
抵当権を設定し，競売の結果，土地と建物が**別人**に
属することとなった場合には，建物の所有者は，当
然に地上権を取得したものとみなされる。

② 土地に抵当権を設定した当時，建物が存在せず，
抵当権設定後に建物が築造された場合には，法定地
上権は成立しない。

③ 土地に抵当権を設定した後，抵当地上に建物が築　法389条
造された場合は，抵当権者は土地とともにその建物
を競売することができる（一括競売）。

5 第三取得者の保護　□□□

① **代価弁済**……抵当不動産について所有権または地　法378条
上権を買い受けた者が，**抵当権者の請求**に応じてそ
の代価を**弁済**すれば，抵当権は**消滅**する。

　ただし，主たる債務者，保証人およびこれらの者　法380条
の承継人は抵当権消滅請求をすることができない。

② **抵当権の消滅請求**……抵当不動産につき所有権を　法379条
取得した第三者は，抵当権者に一定の金額を提供し
て抵当権の消滅請求をすることができるが，抵当権
の実行としての競売による差押えの効力が発生する
前に請求しなければならない。

③ **抵当権者の同意がある場合の賃貸借の対抗力**……　法387条①
登記された賃貸借は，抵当権者すべての同意の登記
があれば，抵当権者に対抗することができる。

④ **明渡しの猶予**……抵当権者に対抗することができ　法395条
ない賃貸借は，その期間の長短にかかわらず抵当権
者および競売における買受人に対抗することはでき
ない。ただし，競売・買受け後**6カ月間**は抵当建物
の明渡しが猶予される。

民　　法

根抵当権　　□□□★★

1 根抵当権とは　　□□□

① 根抵当権は，一定の範囲に属する**不特定の債権**を，**極度額**を限度として担保する抵当権である。　法398条の2①

② 根抵当権は，**元本の確定前**においては付従性，随伴性を有しない。元本の確定前に根抵当権者から債権を取得した者は，その債権について根抵当権を行使することができない。　法397条の7

③ 根抵当権者は，極度額を限度として確定した元本・利息その他の定期金および債務の不履行によって生じた損害の全部について根抵当権を行うことができる。　法398条の3①

④ 根抵当権者が優先弁済を行使できる元本債権は，担保すべき元本確定の時において存する元本債権であり，利息および損害賠償については，その全部について極度額を限度として優先弁済が認められる。

⑤ 被担保債権の範囲と債務者は，根抵当権者と設定者との合意で変更することができる（後順位抵当権者その他の第三者の承諾は不要）。　法398条の4

⑥ **極度額の変更**は，後順位抵当権者その他の第三者の承諾が必要。　法398条の5

⑦ **元本確定期日**は，期日の到来前に，根抵当権者と設定者との合意で変更することができる。　法398条の6

2 被担保債権の範囲　　□□□

① 債務者との特定の継続的取引によって生ずる債権　法398条の2

② 債務者との一定の種類の取引によって生ずる債権

③ 特定の原因に基づき債務者との間に継続して生ずる債権

④ 手形上または小切手上の請求権

3 元本の確定請求，極度額の減額請求等　　　□□□

① 根抵当権設定者は，確定期日が定められている場合を除き，設定の時から**3年**を経過したときは担保すべき元本の確定を請求することができる。 法398条の19

② 根抵当権者は，**元本の確定前**に根抵当権の譲渡・放棄や順位の譲渡・放棄をすることはできない。 法398条の11①

③ **元本の確定後**においては，根抵当権設定者は，その**根抵当権の極度額**を，現に存する債務の額と以後**2年間**に生ずべき利息その他の定期金および債務の不履行による損害賠償の額とを加えた額に**減額**することを請求することができる。 法397条の21①

④ **元本の確定後**において現に存する債務の額が根抵当権の極度額を超えるときは，他人の債務を担保するためその根抵当権を設定した者または抵当不動産について所有権，地上権，永小作権もしくは第三者に対抗することができる賃借権を取得した第三者は，その極度額に相当する金額を払い渡しまたは供託して，その**根抵当権の消滅請求**をすることができる。 法397条の21②

民　　法

債務不履行　　　　　　　　□□□★★

1 債務不履行の種類　　　　　　　　□□□

種　類	内　　容	債権者の権利
履行不能	債権の成立後に，債務者の責めに帰すべき事由により履行が不能になること	損害賠償請求，契約の解除
履行遅滞	履行が可能であるにもかかわらず，履行期が過ぎても履行しないこと	損害賠償請求，契約の解除
不完全履行	履行期内に履行はされたものの，それが不完全であった場合	損害賠償請求

＊いずれの場合も，債務者が責めを負うのは，債務者の責めに帰すべき事由に基づく場合

2 履行遅滞に陥る時期　　　　　　　　□□□

① 確定期限がある場合…期限の到来した時　　　法412条

② 不確定期限がある場合…債務者が期限の到来後に履行の請求を受けた時または期限の到来を知った時

③ 期限を定めなかった場合…債権者が履行の請求を受けた時

3 損害賠償　　　　　　　　□□□

① 金銭債務の債務不履行があった場合，実際に生じた損害とは関係なく，その利息が生じた最初の時点における法定利率によって損害賠償額が定められる。　　　法419条①

② 金銭債務の損害賠償については，債権者は損害の証明を要せず，債務者は不可抗力の抗弁をもって対抗することができない。　　　法419条②③

③ 損害賠償額の予定については，実際の賠償額が予定額より大きいことを証明しても，予定額を超えて請求できない反面，実際の賠償額が予定額より小さくても予定額を請求することができる。　　　法420条①

債権者代位権・詐害行為取消権　□□□★★

1 債権者代位権

□□□

　債権者は，自己の債権を保全するため必要があると
きは，債務者に属する権利（被代位権利）を行使する
ことができる。その条件は，

法423条

① 対象となる債権は，原則として，金銭でなければ
　ならない。

② 債務者は**無資力**でなければならない。

③ 債務者が，自分の債務者に対し債権を行使してい
　ないことが求められる。

④ 被保全債権が**弁済期**にあることが要求される（弁
　済期が到来していないのに債権者代位権を行使する
　ことはできない）。

2 詐害行為取消権

□□□

　債権者は，債務者が債権者を害することを知ってし
た法律行為の取消しを裁判所に請求することができる
（債務者がその責任財産を減少させるような財産的処
分行為を行った場合に，債権者がその行為を取り消し
て，流出した財産を取り戻すことを認め，債務者の責
任財産を維持しようとする制度）。その条件は，

法424条

① 原則として，詐害行為時に，保全すべき債権（被
　保全債権）が存在していること。

② 債務者が，債権者を害することを知りながら財産
　権を目的とする法律行為を行うこと。

③ 受益者・転得者が（その取引で）債権者を害する
　ことを知っていること。

　ただし，債権者代位権と違って，弁済期が到来して
いなくても請求することができる。

民　法

連帯債務　□□□★★★

1　1　連帯債務の性質　□□□

① 　連帯債務とは，数人の債務者が同一内容の給付について，各自が独立して全部の給付をなすべき債務を負担し，そのうちの一人が**弁済**すれば，他の債務者の債務も消滅する多数当事者の債務をいう。　法436条

② 　連帯債務は，多数の独立した債務であるため，債務者の一人について無効または取消しの原因が存在しても，他の債務者の債務の効力には影響を及ぼさない。　法437条

2　絶対的効力事由　□□□

　連帯債務者の一人について生じた事由により，他の連帯債務者にも効力が生じる。

① 　更　改……連帯債務者の一人と債権者との間に更改があったときは，債権は，すべての連帯債務者の利益のために消滅する。　法438条

② 　相　殺……連帯債務者の一人が債権者に対して債権を有する場合において，その連帯債務者が相殺を援用したときは，債権は，すべての連帯債務者の利益のために消滅する。　法439条

　また，債権を有する連帯債務者が相殺を援用しない間は，その連帯債務者の負担部分の限度において，他の連帯債務者は，債権者に対して債務の履行を拒むことができる。

③ 　混　同……たとえば債務者が債権者を相続するように，債権者の地位と債務者の地位とが同一人に帰することになると，債権は消滅する。　法440条

3　相対的効力事由　□□□

　上記①～③の場合を除き，連帯債務者の一人について生じた事由（**履行の請求，免除，時効の完成**）は，　法441条

他の連帯債務者に対してその効力を生じない。ただし，債権者および他の連帯債務者の一人が別段の意思を表示したときは，他の連帯債務者に対する効力は，その意思に従う。

連帯債務者の一人に生じた事由の効力

すべての連帯債務者に及ぶ	●弁　済 ●更　改 ●相　殺 ●混　同
負担部分のみ及ぶ	●履行の請求 ●免　除 ●時効の完成
他の連帯債務者に及**ばない**	●時効の利益の放棄 ●承　認 ●支払いの猶予

民　　法

保証債務・連帯保証　□□□★★★

1　保証債務の性質　□□□

① 　保証債務とは，債務者が債務を履行しない場合に，
これに代わって債務者以外の者（保証人）が履行義
務を負うことをいい，保証人と債権者との間の書面
による保証契約によって成立する。 ┊ 法446条

② 　**付従性**……保証債務は，主たる債務に付従する。

③ 　**随伴性**……保証債務は，主たる債務に対する債権
が移転すれば，それに伴って移転する。

④ 　**補充性**
- 債権者が保証人に債務の履行を請求した場合に，
保証人は，まず主債務者に催告するよう主張する
ことができる（**催告の抗弁権**） ┊ 法452条
- 債権者が保証人に債務の履行を請求した場合に，
保証人は，主債務者に弁済の資力があることを証
明し，まず主債務者の財産に対して執行するよう
主張することができる（**検索の抗弁権**） ┊ 法453条

⑤ 　主債務者に対する履行の請求その他時効の完成猶
予・更新は，保証人に対してもその効力を生ずる。 ┊ 法457条①

2　保証人の条件　□□□

① 　**行為能力者**であること ┊ 法450条

② 　**弁済の資力**を有すること

③ 　ただし①②の条件は，債権者が保証人を指名した
場合には適用されない。

3　連帯保証　□□□

① 　連帯保証人は，催告の抗弁権および検索の抗弁権
を有しない。 ┊ 法454条

② 　連帯保証人について生じた効力については，連帯
債務の絶対的効力に関する規定（更改，相殺，混同）
が準用される。 ┊ 法458条

4 保証人に対する債権者の情報提供義務 □□□

① 　保証人が主債務者の委託を受けて保証をした場合
において，保証人の請求があったときは，債権者は，
保証人に対し，遅滞なく，主債務の元本，利息，違
約金等に関する情報を提供しなければならない。

法458条の2

② 　保証人が個人である場合において，債務者が期限
の利益を喪失したときは，債権者は，**その喪失を知
った時から 2 か月以内**に，その旨を通知しなければ
ならない。

法458条の3

5 個人保証 □□□

① 　個人根保証契約は，書面または電磁的記録で**極度
額**を定めなければその効力を生じない。

法465条の2

② 　**事業用融資の第三者個人保証契約**については，そ
の締結日の前 1 か月以内に，公証人があらかじめ保
証人本人から直接その保証意思を確認して**公正証書**
（保証意思宣明公正証書）を作成しなければ，効力
を生じない。

法465条の6

③ 　事業のために負担する債務についての保証を個人
に委託する主債務者は，財産・収支の状況等に関す
る情報を提供しなければならない。

法465条の10

民　　法

債権の譲渡・弁済・相殺　　□□□★★

1　指名債権の譲渡　　□□□

① 　債権（将来債権を含む）は，その性質上譲渡を許　　法466条
さないものを除き，自由に譲渡することができる。

② 　当事者が譲渡制限の意思表示をしたときであって　　法466条の2
も，債権の譲渡はその効力を妨げられないが，債務
者はその債権の全額に相当する金銭を供託すること
ができる。

③ 　債権譲渡の対抗要件は，**譲渡人**からの**債務者に対**　　法467条①
する通知，または**債務者の承諾**である。

④ 　債務者は，債権の譲渡について対抗要件が具備さ　　法468条①
れるまでに譲渡人に対して生じた事由をもって，譲
受人に対抗することができる。

⑤ 　債務者以外の第三者に対抗するためには，**確定日**　　法467条②
付のある証書による通知・承諾が要件となる。

2　弁　　済　　□□□

① 　弁済は，原則として，債務者以外の第三者が行う
こともできる。

② 　ただし，**正当な利益を有しない第三者**は，債務者　　法474条
の意思に反して弁済することができない。

③ 　債務者が，**債権者との合意**により，その負担した　　法482条
給付に代えて他の給付をしたとき（**代物弁済**）は，
その給付は，弁済と同一の効力を有する。

④ 　弁済充当の順序は，費用，利息，元本の順となる。　　法489条

⑤ 　弁済の提供は，債務の本旨に従って現実にしなけ　　法493条
ればならない（債権者があらかじめ受領を拒んだ場
合等は，弁済の準備をしたことを通知して受領の催
告をすれば足りる）。

3　弁済による代位　　□□□

債務者以外の者が弁済をして債務を**消滅**させたとき

は，弁済をした者は債務者に対して**求償権**を有する。

①　**弁済**による**代位の要件**…債務者のために弁済した　　法499条
　　者は，債権者に代位する。

②　弁済者（弁済をするについて正当な利益を有する　　法500条
　　者が債権者に代位する場合を除く）は，債務者に**通**
　　知をし，または債務者が**承諾**をしなければ，債務者
　　その他の第三者に対抗することができない。

③　第三取得者は，債務者に代わって債務を弁済して　　法501条③
　　も，保証人および物上保証人に対して，債権者に代
　　位しない。

④　同じ債務について保証人と物上保証人のうちどち
　　らかが弁済したときは，その人数の割合に応じて債
　　権者に代位する。ただし，物上保証人が数人いると
　　きは，保証人の負担部分を除いた残額について，各
　　財産の価格に応じて債権者に代位する。

4　相殺の要件　　　　　　　　　　　　　　　　□□□

①　同種の債権が対立して存在すること　　　　　　　法505条①

②　2つの債権がともに**弁済期**に達していること（た
　　だし，受働債権は，弁済期に達していなくても，期
　　限の利益を放棄できるときは，相殺をすることがで
　　きる）

5　相殺が許されない場合　　　　　　　　　　　　□□□

①　債権の性質が現実の履行を必要とし，相殺をする
　　と債権の目的を達することができないものであると
　　き

②　当事者が相殺禁止または制限する旨の意思を表示　　法505条②
　　した債権であるとき

③　受働債権が不法行為によって生じた債権であると　　法509条
　　き（ただし，不法行為による損害賠償債権を自働債
　　権とする相殺は，自由にできる）

④　受働債権が差押えを禁じられたものであるとき

⑤　受働債権が差押えを受けたものであるとき

民　　法

契　約　□□□★★★★

1　契約の成立要件　□□□
① **申込みと承諾**という 2 つの意思表示のあること
② 申込みと承諾が**合致**すること

2　契約成立の時期　□□□
① 隔地者間の契約は，承諾の意思表示が相手方に到　｜法97条①
達した時に成立する（**到達主義**）。

3　契約の効力　□□□
① 双務契約の当事者の一方は，相手方がその債務の　｜法533条
履行を提供するまでは，自己の債務の履行を拒むこ
とができる（**同時履行の抗弁権**）。ただし，相手方の
債務が弁済期にないときは，この限りでない。
② 契約により当事者の一方が第三者に対してある給　｜法537条①
付をすることを約したときは，その第三者は債務者
に対して直接にその給付を請求する権利を有する。

4　債務者の危険負担等　□□□
① **当事者双方の責めに帰することができない事由**に　｜法536条
よって債務を履行することができなくなったときは，
債権者は，反対給付の履行を拒むことができる。
② ただし，**債権者の責めに帰すべき事由**によって債　
務を履行することができなくなったときは，債権者
は，反対給付の履行を拒むことができない。

5　契約の解除　□□□
① 契約の解除は，一度有効に成立した契約の効力を　｜法540条
消滅させる一方的な意思表示である。
② 解除の意思表示は，これを取り消すことができない。
③ 当事者の一方がその債務を履行しない場合におい　｜法541条
て，相手方が相当の期間を定めてその履行の**催告**を
し，その期間内に履行がないときは，相手方は，契
約の解除をすることができる。

④ **催告によらない解除**

　次に掲げる場合には，債権者は，催告をすること
なく，直ちに契約の解除をすることができる。

- 債務の全部の履行が不能であるとき
- 債務者がその債務の全部の履行を拒絶する意思を明確に表示したとき
- 債務の一部の履行が不能である場合等において，残存部分のみでは契約目的を達せられないとき
- 契約の性質等により，一定の期間内に履行をしなければ契約目的を達せられない場合において，債務者が履行をしないでその時期を経過したとき
- 債務者がその債務の履行をせず，債権者が催告をしても契約目的を達するのに足りる履行がされる見込みがないことが明らかであるとき

法542条①

⑤ 当事者が数人いる場合は，解除権を行使する当事
者についても，その全員から，またその相手方につ
いても，その全員に対して解除の意思表示をしなけ
ればならない（**解除権不可分の原則**）。

法544条①

⑥ 契約が解除されると，契約は最初にさかのぼって
消滅する（**解除の遡及効**）。この場合，当事者は**原状
回復義務**を負い，特別の事情がない限り，**同時履行
の関係**に立つ。

法545条

⑦ 解除の遡及効は，第三者の権利を害することはで
きない。

6 売　買

□□□

① 売買とは，売主の財産権を相手方に移転するとい
う意思表示と，買主の代金を支払うという意思表示
によって成立する契約で，その意思表示は口頭でも
書面でも，その他いかなる方法によってもよい。

法555条

② 売買の目的となるものは，所有権に限らず地上権
や賃借権などでもよく，他人の権利も売買できる。

民　　法

契約不適合責任　□□□★★★

1 他人の権利の売買における売主の義務　□□□

　他人の権利（権利の一部が他人に属する場合における | 法561条
その権利の一部を含む）を売買の目的としたときは，売
主は，その権利を取得して買主に移転する義務を負う。

2 買主の追完請求権　□□□

① 　引き渡された目的物が種類，品質または数量に関 | 法562条
　して契約の内容に適合しないものであるときは，買
　主は，売主に対し，目的物の修補，代替物の引渡し
　または不足分の引渡しによる**履行の追完**を請求する
　ことができる。
② 　目的物の不適合が買主の責めに帰すべき事由によ
　るものであるときは，買主は，履行の追完の請求を
　することができない。

3 買主の代金減額請求権　□□□

　追完請求ができる場合において，買主が相当の期間 | 法563条
を定めて履行の追完の催告をし，その期間内に履行の
追完がないときは，買主は，その不適合の程度に応じ
て**代金の減額**を請求することができる。ただし，次の
場合には，買主は，催告をすることなく直ちに代金の
減額を請求することができる。
① 　履行の追完が不能であるとき
② 　売主が追完を拒絶する意思を明確に表示したとき
③ 　特定の日時または一定の期間内に履行をしなけれ
　ば契約目的を達することができない場合に，売主が
　履行の追完をしないでその時期を経過したとき
④ 　買主が催告をしても履行の追完を受ける見込みが
　ないことが明らかであるとき

4 買主の損害賠償請求および解除権の行使　□□□

　引き渡された目的物が種類，品質または数量に関して | 法564条

契約の内容に適合しない場合には，買主は，債務不履
行による**損害賠償の請求**，**契約の解除**をすることがで
きる。

5 移転した権利が契約不適合の場合の担保責任 □□□

買主に移転した**権利**が契約の内容に適合しないもの
である場合（権利の一部が他人に属する場合において
その権利の一部を移転しないときを含む）には，上記
の規定が準用される。

法565条

6 目的物の種類・品質等に関する担保責任期間の制限 □□□

① 売主が**種類・品質**に関して契約内容に適合しない物
理的欠陥がある目的物を買主に引き渡した場合におい
て，買主がその不適合を**知った時から1年以内**にそ
の旨を売主に**通知**しないときは，買主は，その不適合
を理由として，担保責任の追及をすることができない。

法566条

② なお，**数量**または**権利**に関する契約内容の不適合
の場合には，上記の1年間の期間制限は適用されず，
消滅時効の一般原則によることとなる。

7 目的物の滅失等についての危険の移転 □□□

売主が買主に目的物を引き渡した場合において，その
引渡し後に当事者双方の責めに帰することができない
事由によってその目的物が滅失・損傷したときは，買
主は，その滅失・損傷を理由として担保責任を追及す
ることができず，買主は代金の支払を拒むことができ
ない。

法567条

8 抵当権等がある場合の買主による費用償還請求 □□□

買い受けた不動産について契約の内容に適合しない
抵当権等が存していた場合において，買主が費用を支
出してその不動産の所有権を保存したときは，買主は，
売主に対し，その費用の償還を請求することができる。

法570条

9 担保責任を負わない旨の特約 □□□

売主は，担保責任を負わない旨の特約をしたときで
あっても，知りながら告げなかった事実および自ら第

法572条

三者のために設定しまたは第三者に譲り渡した権利については，その責任を免れることができない。

契約不適合責任の内容

担保責任の内容 （買主の権利）	買主に帰責 事由がある	双方に帰責 事由がない	売主に帰責 事由がある
履行の追完請求 （562条）	不可	可能	可能
代金減額請求 （563条）	不可	可能	可能
債務不履行による 損害賠償請求 （564条，415条）	不可	不可	可能
契約の解除 （564条，541条， 542条）	不可	可能	可能

契約不適合責任の期間制限

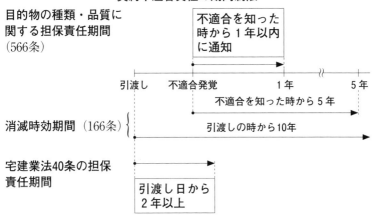

手付・買戻し　　　　　　　　□□□★★

1 手　付　　　　　　　　　　□□□

① 　手付とは，契約締結の際に買主から売主に対して
支払われる金銭をいう。手付金を支払っても売買代
金の一部を支払ったことにはならないが，契約時の
取り決めにより売買代金の一部に充当されることが
一般的である。

② 　民法の規定では，買主が売主に手付を交付した場　法557条
合，相手方が契約上の債務の履行に着手するまでは，
買主はその手付を**放棄**，売主はその**倍額**を**償還**して，
契約を解除することができる（解約手付）。

③ 　解約手付に基づく契約の解除は，相手方が履行に
着手した以後はできない。

2 買戻し　　　　　　　　　　□□□

① 　買戻しとは，不動産の売主が，売買契約と同時に　法579条
なした特約によって，代金・費用を返還してその売
買を解除することをいう。

② 　買戻しの特約は，売買による所有権移転登記に附　法581条
記して**登記**することにより，第三者に対抗すること
ができる。

③ 　**買戻しの特約の要件**
- 不動産の売買に限られる
- 特約は，**売買契約**と**同時**にしなければならない
- 買戻代金は，売買代金と契約の費用に限定される
- 買戻期間は，**10年**を超えることができない

民　　法

使用貸借　　　□□□★★

1 使用貸借の意義と借主による使用・収益　□□□

① 　当事者の一方が**無償**で使用・収益をした後に**返還**
　することを約し，相手方からある物を受け取ること
　によって，その効力を生ずる契約である。 ┊ 法593条

② 　借主は，契約またはその目的物の性質によって定
　まった用法に従い，その物の使用・収益をしなけれ
　ばならない。 ┊ 法594条

③ 　借主は，貸主の承諾を得なければ，第三者に借用
　物の使用・収益をさせることができない。

④ 　借主が②，③の規定に違反して使用・収益をした
　ときは，貸主は，契約の解除をすることができる。

2 借用物の費用の負担　□□□

① 　借主は，借用物の通常の必要費を負担する。 ┊ 法595条

② 　借主が通常の必要費以外の費用を支出したときは，
　貸主はその償還をしなければならない。

3 期間満了による使用貸借の終了　□□□

　当事者が使用貸借の期間を定めたときは，使用貸借
は，その**期間の満了**によって終了する。当事者が使用
貸借の期間を定めなかった場合において，使用・収益
の目的を定めたときは，使用貸借は，**使用・収益の終
了**によって終了する。また，使用貸借は，**借主の死亡**
によっても終了する。 ┊ 法597条

4 使用貸借の解除　□□□

　契約で存続期間を定めなかった場合において，使
用・収益の目的を定めたときは，使用・収益をするの
に足りる期間を経過すれば，貸主は契約を解除でき，
使用貸借の期間および目的を定めなかったときは，貸
主はいつでも契約を解除できる。これに対して借主は，
いつでも契約の解除をすることができる。 ┊ 法598条

賃　貸　借　□□□★★★

1 賃貸借の意義　□□□

① 賃貸借は，当事者の一方がある物の**使用・収益**を
相手方にさせることを約し，相手方がこれに対して
その**賃料**を支払うことおよび引渡しを受けた物を契
約が終了したときに**返還**することを約することによ
って，その効力を生ずる。 ……法601条

② 賃貸借の存続期間は**50年**を超えることができず，
これより長い期間を設定したときは，その期間は50
年に短縮される。 ……法604条

③ 賃貸人は，賃貸物の使用・収益に必要な修繕義務
を負う。賃貸人が賃貸物の保存に必要な行為をしよ
うとするときは，賃借人は拒むことができない。 ……法606条

④ 賃借人は，賃借物について賃貸人の負担に属する
必要費を支出したときは，賃貸人に対し，直ちにそ
の償還を請求することができる。 ……法608条

2 賃貸借の効力　□□□

① 賃借物の一部が，賃借人の責めに帰することができな
い事由により，滅失等のため使用・収益をすることがで
きなくなった場合には，賃料は，その使用・収益をする
ことができなくなった部分の割合に応じて，減額される。 ……法611条

② ①の場合において，残存する部分のみでは賃借人
が賃借をした目的を達することができないときは，
賃借人は，契約の解除をすることができる。

③ 賃料は，動産，建物および宅地については**毎月末**
に支払わなければならない。 ……法614条

④ 賃借物が修繕を要し，または賃借物について権利を
主張する者があるときは，賃借人は，遅滞なくその旨
を賃貸人に通知しなければならない。ただし，賃貸人
がすでにこれを知っているときは，この限りでない。 ……法615条

3　賃借権の譲渡・転貸　□□□

① 賃借人は，賃貸人の承諾を得なければ賃借権の譲渡・転貸をすることができない。　法612条

② 賃借人が適法に賃借物を転貸したときは，転借人は，賃貸人と賃借人との間の賃貸借に基づく賃借人の債務の範囲を限度として，賃貸人に対して転貸借に基づく債務を直接履行する義務を負う。　法613条

③ この場合，賃貸人は，賃借人との間の賃貸借を合意により解除したことをもって転借人に対抗することができない。

4　解約の申入れ　□□□

① 賃借物の全部が滅失その他の事由により使用・収益をすることができなくなった場合には，賃貸借は，これによって終了する。　法616条の2

② 期間の定めのない賃貸借は，各当事者がいつでも解約の申入れをすることができる。　法617条

③ 解約申入れ後，**土地**については1年，**建物**については3か月経過したときに賃貸借は終了する。

④ 賃貸借の終了時には，賃借人が賃借物を受け取った後に生じた損傷について**原状回復義務**を負うが，通常の使用・収益によって生じた賃借物の損耗や経年変化については原状回復義務を負わない。　法621条

5　敷　　金　□□□

① 敷金とは，いかなる名目によるかを問わず，賃料債務その他の賃貸借に基づいて生ずる賃借人の賃貸人に対する金銭の給付を目的とする債務を担保する目的で，賃借人が賃貸人に交付する金銭をいう。　法622条の2

② 賃貸人は，賃貸借の終了等によって敷金を返還するときは，賃借人に対し，受け取った敷金の額から賃貸借に基づいて生じた賃借人の賃貸人に対する金銭の給付を目的とする債務の額を控除した残額を返還しなければならない。

請負・委任　　　□□□★★★

1 請　負　　　□□□

① 請負契約とは，請負人がある仕事を完成させることを約束し，注文者がその仕事の結果に対して報酬を支払うことを約束する契約である。　法632条

② **報酬**は，特約のない限り，仕事の目的物の引渡しと同時に支払わなければならない。　法633条

③ 次の場合には，すでにされた仕事の結果のうち，注文者が利益を受ける部分を仕事の完成とみなし，請負人は，その利益の割合に応じて報酬を請求することができる。　法634条
   - ●注文者の責めに帰することができない事由によって仕事を完成することができなくなった場合
   - ●請負が仕事の完成前に解除された場合

④ 請負人が種類・品質に関して契約内容に適合しない目的物を注文者に引き渡した場合，注文者は，注文者の与えた指図によって生じた不適合等を理由として，履行の追完請求，報酬の減額請求，損害賠償請求および契約の解除をすることができない。　法636条

⑤ 注文者は，目的物の種類または品質に関して仕事の目的物が契約の内容に適合しないことを**知った時から1年以内**にその旨を請負人に通知しなければ，その権利を行使することができない。　法637条①

⑥ 請負人が仕事を完成しない間は，注文者は，いつでも損害を賠償して契約を解除することができる。　法641条

2 委　任　　　□□□

① 委任とは，当事者の一方（委任者）が相手方（受任者）に法律行為をなすことを委託し，相手方がこれを承諾することによって成立する契約である。　法643条

② 受任者は，委任の本旨に従い，**善良な管理者の注**　法644条

意をもって，委任事務を処理する義務を負う。

③　委任は，特約のない限り，受任者から委任者に対 　　法648条
して**報酬**を請求することができない。受任者は，委
任者の責めに帰することができない事由によって委
任事務の履行をすることができなくなったとき，ま
たは，履行の中途で終了したときには，すでにした
履行の割合に応じて報酬を請求することができる。

④　**委任の終了事由**　　　　　　　　　　　　　　　　　　法653条
- 委任契約の解除（委任者・受任者のどちらからで
も，またいつでも解除することができる）
- 委任者または受任者の死亡または破産手続開始の
決定を受けたとき
- 受任者が後見開始の審判を受けたとき

⑤　委任の終了事由は，これを相手方に通知したとき，　法655条
または相手方がこれを知っていたときでなければ，
相手方に対抗することができない。

⑥　法律行為以外の事務の委託をすることを**準委任**と　法656条
いい，委任の規定が準用される。

1

権
利
関
係

事務管理

□□□★

1 事務管理とは

□□□

① 事務管理は，法律上の義務がない者が他人のために事務を管理することである。事務管理の管理者は，その事務の性質に従い，最も本人の利益に適合する方法によって事務管理をしなければならない。

法697条①

② 事務管理は他人のために一定の行為を行うという点において委任契約と類似していることから，民法は委任の規定を準用しており，報告義務，受取物等引渡義務・取得権利移転義務等の規定が準用される。

③ ただし，委任が特約により報酬を請求することができるのに対し，事務管理では報酬を請求することはできないとされている。

法701条

2 管理者による費用の償還請求等

□□□

① 管理者は，本人のために有益な費用を支出したときは，本人に対し，その償還を請求することができる。

法702条①

② 本人の身体，名誉または財産に対する急迫の危害を免れさせるために事務管理（緊急事務管理）をしたときは，管理者は悪意または重大な過失があるのでなければ，これによって生じた損害を賠償する責任を負わない。

法698条

民　　法

不法行為

□□□ ★★★★

1 不法行為の意義

□□□

① **故意**または**過失**によって他人の**権利**を**侵害**することをいい，加害者はその侵害によって生じた**損害**を賠償する責任を負う。

法709条

2 不法行為の成立要件

□□□

① 加害者自身の故意または過失ある行為
② 責任能力の存在
③ 加害行為の違法性，加害行為による損害の発生

3 使用者責任

□□□

① 使用者は，被用者（従業員）が事業の執行について第三者に損害を与えたときにはその賠償責任を負う。

法715条

② **使用者責任の成立要件**
- ●事業のため他人を使用していること
- ●被用者が事業の執行で行ったものであること
- ●第三者への加害行為であること
- ●被用者自身に不法行為の要件が備わっていること

4 損害賠償請求権

□□□

① 不法行為が認められると，被害者は加害者に対して損害賠償を請求することができる（賠償の方法は**金銭賠償**を原則とする）。

法722条①

② 賠償すべき**損害の範囲**は，加害行為と相当因果関係に立つすべての損害であり，被害者は，損害の発生と因果関係の存在について立証責任を負担する。

③ 不法行為による損害賠償債務は，**不法行為の時**から**遅滞**に陥ると解される。

④ 不法行為による損害賠償請求権は，被害者が損害および加害者を知った時から **3 年**（人の生命・身体を害する不法行為の場合は **5 年**），または不法行為の時から**20年**を経過することによって消滅する。

法724条
法724条の2

親族・相続 　　□□□ ★★★★★

1 親　族 　　　　　　　　　　　　　　　　□□□

① 夫婦の一方が日常の家事に関して第三者と法律行為をしたときは，他の一方は，これによって生じた債務について，連帯してその責任を負う。 | 法761条

② 夫婦のいずれに属するか明らかでない財産は，その共有に属するものと推定される。 | 法762条

③ 姻族関係は，離婚によって終了するほか，夫婦の一方が死亡した場合に，生存配偶者が姻族関係を終了させる意思を表示したときにも終了する。 | 法728条

2 相続人と相続分 　　　　　　　　　　　　□□□

① 被相続人の子は相続人となり，被相続人の子が死亡したときは，その者の子がこれを代襲して相続人となる。 | 法887条

② 相続人が数人あるときは，相続財産は，その共有に属する。 | 法898条

③ **法定相続人** | 法900条

相続人	法定相続人		
	配偶者	第1順位	第2順位	第3順位
		子	直系尊属	兄弟姉妹
法定相続分〔ただし，遺言があればそれに従う〕	$\frac{1}{2}$	$\frac{1}{2}$	—	—
	$\frac{2}{3}$	—	$\frac{1}{3}$	—
	$\frac{3}{4}$	—	—	$\frac{1}{4}$

＊代襲相続は，被相続人の子と兄弟姉妹に認められる

＊兄弟姉妹が数人あるときは，各自の相続分は均等であるが，父母が同じ者と**父母の一方だけが同じ者**とがあれば，後者の相続分は前者の**2分の1**である

④　相続人に対する遺贈または贈与がある場合には**特**　法903条
　　別受益として扱われ，被相続人から遺産の先渡しを
　　受けたものとして，贈与や遺贈の価額を控除した残
　　額がその者の相続分となる。

⑤　婚姻期間が**20年以上**である配偶者の一方が，他方
　　に対し**居住用不動産**を遺贈または贈与した場合には，
　　計算上遺産の先渡しを受けなかったものとされる。

３　相続の承認・放棄　　　　　　　　　　　　　□□□

①　**単純承認**……無限に被相続人の権利義務を承継す　法921条②
　　る。相続人は，相続の開始があった時から**3か月**以
　　内に限定承認または放棄をしないと単純承認をした
　　ものとみなされる。

②　**限定承認**……相続財産を限度として相続する。相　法923条
　　続人が数人あるときは，共同相続人の全員でなけれ
　　ば限定承認をすることができない。

③　**相続の放棄**……相続を放棄した者は，その相続に　法939条
　　関して，はじめから相続人にならなかったものとみ
　　なされる（その者の子も代襲相続ができない）。

４　遺　　言　　　　　　　　　　　　　　　　　□□□

①　未成年者でも，**満15歳**に達した者は単独で遺言を　法961条
　　することができ，被保佐人も保佐人の同意を要せず
　　に遺言をすることができる。

②　遺言者が，前の遺言と抵触する遺言をしたときは，　法1023条
　　後の遺言が前の遺言に**優先**し，その抵触する部分は
　　前の遺言が撤回したものとみなされる。

③　遺言の方式（公正証書以外の遺言については，遺　法967条
　　言者の死亡後遅滞なく家庭裁判所の検認が必要）

　●**自筆証書遺言**……本人が全文・日付・氏名を自書　法968条
　　し，これに押印する（ワープロや代筆は不可）。た
　　だし，自筆証書遺言に添付する財産目録について
　　は，自書することを要しない。

　●**公正証書遺言**……本人と2人以上の証人が公証役　法969条

場に出向いて申述し作成してもらう。

- **秘密証書遺言**……本人または第三者が記入した後，封筒に入れ公証役場で証明してもらう。　法970条

5 配偶者の居住の権利　　　　　　　　　　　□□□

① 　配偶者は，相続開始時に被相続人の建物に居住していた場合において，その居住建物について配偶者に無償で使用・収益をする権利（**配偶者居住権**）を取得させる旨の遺産分割，遺贈等がされたときは，終身または一定期間，配偶者居住権を取得する。　法1030条

② 　配偶者が配偶者居住権を第三者に対抗するためには，**配偶者居住権の登記が必要**となるが，居住建物の所有者は，配偶者に対し，配偶者居住権設定の登記を備えさせる義務を負う。　法1031条

③ 　配偶者は，相続開始時に被相続人の建物に**無償で**居住していた場合には，**最低6か月間**，その居住建物について**無償で使用する権利**（**配偶者短期居住権**）を有する。　法1037条

6 遺 留 分

① 　遺言のうちから，一定範囲の相続人が確実に相続することができる一定の財産額をいう。

② 　遺留分権利者は，**兄弟姉妹以外の相続人**である。

③ 　**遺留分の割合**　法1042条
- 直系尊属のみが相続人の場合……3分の1
- その他の場合……2分の1
兄弟姉妹が相続人のときは，遺留分はない。

④ 　遺留分権利者およびその承継人は，受遺者または受贈者に対し，**遺留分侵害額**に相当する金銭の支払を請求することができる。　法1046条

⑤ 　**遺留分の放棄**は，相続の放棄と異なり，相続開始前であっても家庭裁判所の許可があれば，これを放棄することができる。

借地借家法

借 地 権　　　　　□□□★★★★★

1　用語の定義　　　　　　　　　　　　　□□□

① 借地権…建物の所有を目的とする地上権または土　｜法2条
　　地の賃借権
② 借地権者…借地権を有する者（借地人）
③ 借地権設定者…借地権者に対して借地権を設定し
　　ている者（地主）

2　借地権の存続期間　　　　　　　　　　□□□

　借地借家法（新法）が施行された1992（平成4）年　｜法附則4条
8月1日より前に締結された借地・借家契約について
は，旧借地法・旧借家法が適用される。

① 当初の存続期間　　　　　　　　　　　　｜法3条

	建物の種類	期間の定めのある場合	期間の定めのない場合
旧　法	堅固建物	30年	60年
	非堅固建物	20年	30年
新　法	堅　固 ｝建物 非堅固	30年	30年

② 更新後の存続期間　　　　　　　　　　　｜法4条

	建物の種類	更新後の借地期間
旧　法	堅固建物	30年
	非堅固建物	20年
新　法	堅　固 ｝建物 非堅固	最初の更新…………20年 2回目以降の更新…10年

3　借地契約の更新　　　　　　　　　　　□□□

① 借地期間の満了に際して，借地権者が契約の更新　｜法5条①
　　を請求したときは，建物がある場合に限り，前の契
　　約と同じ条件で契約を更新したものとみなされる。

② 借地権者の更新請求や使用継続に対する借地権設定者の異議は，土地の使用を必要とする事情等の「**正当な事由**」がなければ認められない。

4 建物が滅失した場合　　　　　　□□□

① 当初の借地期間が満了する前に建物が滅失（取壊しを含む）した場合，借地権者は残存期間を超えて存続するような建物でも再築することができる。 法7条

- 借地権設定者が**承諾**または2か月以内に異議を述べなかった場合 ⇨ 承諾があった日または再築の日のいずれか早い日から**20年**間存続する
- 2か月以内に**異議**を述べた場合 ⇨ 借地権は当初の存続期間中だけ存続する

② **契約更新後**に建物が滅失した場合には，借地権者は，地上権の放棄または解約の申入れをすることができる。 法8条

- この場合，借地権者が借地権設定者の承諾を得ずに，残存期間を超えて存続する建物を再築したときは，借地権設定者は地上権の消滅の請求または解約の申入れをすることができる
- 以上の場合，借地権は，地上権の放棄もしくは消滅の請求または解約の申入れがあった日から**3か月経過すれば消滅する**

5 借地権の対抗力　　　　　　□□□

① 民法上の対抗要件 ⇨ **地上権・賃借権の登記** 民法177条
② 借地借家法上の対抗要件 ⇨ **借地上の建物の登記**
③ 建物の滅失があっても，借地権者がその建物を特定するために必要な事項，滅失の日付および建物を新たに築造する旨を土地の上の見やすい場所に掲示すれば，滅失の日から**2年以内**に建物を再築し，かつ建物の登記をしている限り，対抗力を有する。 法10条

6 自己借地権　　　　　　□□□

① 自己借地権は，借地権設定者が自らの土地に借地

権を設定して建物の所有を認める制度である。

② 　自己借地権を設定するためには，自己の所有地に
他の者とともに借地権を有することが必要である。　法15条①

7　建物買取請求権　　　　　　　　　　　□□□

① 　**借地権者の建物買取請求権**……存続期間満了後更
新がない場合，借地権者は時価で建物その他の付属
物を買い取ることを借地権設定者に対し請求できる。　法13条①

② 　**建物取得者の建物買取請求権**……第三者が賃借人
から建物を取得した場合に，借地権設定者が賃借権
の譲渡・転貸を承諾しなかったときも，①と同様の
買取請求ができる。　法14条

8　借地条件の変更および増改築の許可　　□□□

① 　借地上の建物の種類・構造・用途等を制限する借
地条件がある場合に，法令による土地利用の規制の
変更，付近の土地の利用状況の変化等により，借地
条件を変更することが相当であるにもかかわらず，
当事者間で協議が調わないときは，裁判所が**当事者
の申立て**により**借地条件を変更**することができる。　法17条①

② 　契約の更新後，借地権者が残存期間を超えて存続
すべき建物を新たに築造することにつきやむを得な
い事情があるにもかかわらず，借地権設定者がその
建物の築造を承諾しないときは，借地権設定者が地
上権の消滅の請求または土地の賃貸借の解約の申入
れをすることができない旨を定めた場合を除き，裁
判所は，**借地権者の申立て**により，借地権設定者の
承諾に代わる許可を与えることができる。　法18条

③ 　第三者が賃借権の目的である土地の上の建物を競
売または公売により取得した場合に，その第三者が
賃借権を取得しても借地権設定者に不利となるおそ
れがないにもかかわらず，借地権設定者がその**賃借
権の譲渡**を承諾しないときは，裁判所は，その**第三
者の申立て**により，借地権設定者の承諾に代わる許　法20条

可を与えることができる。

9 土地の賃借権の譲渡・転貸 □□□

① 土地の賃借権の譲渡・転貸には，**賃貸人の承諾**が　民法612条①
必要である。

② 賃貸人に無断で譲渡・転貸を行い，目的物を使用さ
せると，賃貸人は借地契約を解除することができる。

③ **譲渡・転貸**について，借地権設定者が不利となる　法19条①
おそれがないにもかかわらず，承諾を与えない場合，
裁判所は，**借地権者の申立て**により，**借地権設定者
の承諾に代わる許可**を与えることができる。

10 定期借地権 □□□

種　類	存続期間	利用目的	存続期間以外の特約事項	契約方式	借地の終了
定　期借地権（22条）	50年以上	制限なし	更新および建物の築造による期間の延長並びに建物買取請求権の適用を排除する。	公正証書等の書面（または電磁的記録）	期間の満了
事業用定期借地権（23条）	10年以上30年未満	事業用建物の所有	同　上	公正証書	期間の満了
	30年以上50年未満		特約は任意		
建物譲渡特約付借地権（24条）	30年以上	制限なし	期間満了時に建物を借地権設定者に相当の対価で譲渡する。	制限なし	建物の譲渡

11 一時使用目的の借地権 □□□

① 一時使用のために借地権を設定したことが明らか　法25条
な場合には，存続期間，更新，借地条件の変更，定
期借地権等の借地借家法の規定は適用されない。

借地借家法

借 家 権　　　　□□□★★★★★

1　存続期間と契約の更新等　　　□□□

① 　借地のような最短期間の定めはないが，契約で**1
年未満**の期間を定めたときは，期間の定めのない契
約とみなされる。　　　　　　　　　　　　　　　　　　　法29条

② 　期間満了の**1年前**から**6か月前**までの間に，相手
方に対して通知しなければ，前の契約と同一の条件
で契約を更新したものとみなされる（ただし，その
期間は，定めがないものとされる）。　　　　　　　　　法26条

③ 　通知をしても，期間満了後も賃借人が使用を継続
する場合において，賃貸人が遅滞なく異議を述べな
かったときは，上記と同様に更新したものとみなさ
れる。

④ 　賃貸人による解約の申入れは，**正当な事由**（当事
者が建物の使用を必要とする事情，立退料等を考慮
して判断される）がある場合に限られる。　　　　　　法28条

⑤ 　解約申入れの日から**6か月**を経過することによっ
て契約は終了する。　　　　　　　　　　　　　　　　　法27条

2　借家権の対抗力　　　　　　　□□□

① 　登記がなくても，**建物の引渡し**があれば第三者に
対抗することができる。　　　　　　　　　　　　　　　法31条

3　造作買取請求権　　　　　　　□□□

① 　賃貸人の同意を得て建物に附加した畳，建具その
他の造作があるときは，賃借人は，賃貸人に対して
時価で買い取るよう請求することができる。　　　　　法33条

② 　造作買取請求権は任意規定であり，特約で賃借人
がこの権利を有しないことを定めることができる。

4　借家権の譲渡・転貸　　　　　□□□

① 　賃借権の譲渡・転貸は，**賃貸人の承諾**がある場合
にのみ有効である（借地権の場合のような，賃貸人　　民法612条

の承諾に代わる裁判所の許可という制度はない）。

② 賃貸人に無断で譲渡・転貸し，建物を使用させたときは，賃貸人は契約を解除することができる。

5 建物賃貸借終了の場合における転借人の保護　□□□

① 期間満了または解約申入れによって借家契約を終了させるには，賃貸人が転借人にその旨を**通知**しなければ，転借人に明渡しを求めることができない。 ‖ 法34条

② この場合，賃貸人の通知があった後**6か月**で転貸借は終了する。

6 借地上の建物の賃借人の保護　□□□

① 借地権の**存続期間の満了**によって賃借人が土地を明け渡すべきときは，建物の賃借人が借地権の存続期間が満了することをその**1年前**までに知らなかった場合に限り，土地の明渡しについて相当の期限を許与することができる。 ‖ 法35条

② この期限が許与された場合，建物の賃貸借はその期限が到来することによって終了する。

7 居住用建物の賃貸借の承継　□□□

① 賃借人が死亡した場合には，その相続人が賃借人に関する権利義務一切を承継する。

② 賃借人が相続人なしに死亡した場合には，同居の内縁の夫婦または事実上の養親子の関係にある者が借家権を承継する。 ‖ 法36条①

③ ただし，相続人なくして死亡したことを知った後**1か月**以内に，賃貸人に対して反対の意思表示をしたときは，賃借権は承継しない。

8 定期借家制度ほか　□□□

① **公正証書等の書面**（または電磁的記録）によって契約するときに限り，契約の更新がない旨を定めることができる。 ‖ 法38条①②

② 賃貸人は，あらかじめ賃借人に対し，契約の更新がなく期間満了により終了する旨を**書面を交付して** ‖ 法38条③

説明しなければならない。

③　期間が1年以上の定期借家契約では，賃貸人は期間満了の1年前から6か月前までの間に，契約が終了する旨を通知しなければならない。　　　　　　　法38条⑥

④　床面積200㎡未満の居住用建物の定期借家契約では，転勤・療養・親族の介護等やむを得ない事由により，賃借人が建物を使用することが困難となったときは，解約申入れ後1か月で契約は終了する。　法38条⑦

⑤　**取壊し予定建物**の賃貸借……一定期間経過後に建物を取り壊すことが明らかな場合には，建物取壊しの時に賃貸借が終了する旨の契約を締結することができる（取壊し事由を記載した書面での特約が必要）。　法39条

⑥　**一時使用目的**の建物賃貸借には，借地借家法の規定は適用されない。　　　　　　　　　　　　　　法40条

9　地代・家賃の増減請求　□□□

①　地代・家賃が，土地・建物に対する租税負担の増減，価格の上昇・下落等により近隣の土地に比較して**不相当**になったときは，当事者は**地代・家賃の増減**を請求することができる。　　　　　　　　　法32条

②　ただし，当事者間で一定期間増額しない旨の特約がある場合には，増額請求はできない。

③　地代・家賃の**増額**について当事者間で協議が調わないときは，賃借人は，裁判の確定までは自己が相当と認める額を支払えば債務不履行となることはない（ただし裁判の確定後，不足分がある場合，賃借人は年1割の利息をつけてこれを支払わなければならない）。

④　地代・家賃の**減額**について当事者間で協議が調わないときは，賃貸人は，裁判の確定までは相当と認める額の支払いを請求することができる（ただし裁判の確定後，超過分がある場合，賃貸人は年1割の利息をつけてこれを返還しなければならない）。

専有部分と共用部分　　□□□★★★

■1 専有部分　　□□□

① **専有部分**……1棟の建物のうち構造上区分され，独立して住居，店舗，事務所等の用途に供することができる建物の部分で，区分所有権の対象となっているもの　｜法2条③

■2 共用部分　　□□□

① **法定共用部分**……区分所有権の目的とならない廊下，階段，玄関，エレベーター等と，配管，消防設備等の建物の付属物　｜法2条④

② **規約共用部分**……集会室や管理人室など本来専有部分になり得る部分等を規約で共用部分としたもの（登記しなければ第三者に対抗することができない）

③ 共用部分は，区分所有者全員の**共有**に属し，各共有者の持分は，その有する**専有部分の床面積の割合**による。この場合の床面積は，壁その他の区画の**内側線**で囲まれた部分の水平投影面積による。　｜法14条

④ 各共有者の持分は，その有する専有部分と分離して処分することはできない。　｜法15条

■3 専有部分と敷地利用権の分離処分の禁止　　□□□

① 敷地利用権が数人で有する所有権，地上権，賃借権である場合には，規約で別段の定めがない限り，区分所有者は，その有する専有部分とその専有部分にかかる敷地利用権を分離して処分することはできない。　｜法22条

② 区分所有者が数個の専有部分を所有するときは，各専有部分にかかる敷地利用権の割合は，内法計算による専有部分の割合による。

区分所有法

管理組合と集会の決議　　□□□★★★★

1 区分所有者の団体　　　　　　　　　　　□□□

① 区分所有者は，全員で，建物ならびにその敷地・附属施設の管理を行うため団体を構成し，区分所有法の規定により集会を開き，規約を定め，管理者を置くことができる（管理組合）。 ……… 法3条

② 上記の団体は，区分所有者・議決権の各4分の3以上の決議で法人となることを定めることができる（管理組合法人）。 ……… 法47条

2 管理者　　　　　　　　　　　　　　　　□□□

① 区分所有者は，規約に別段の定めがない限り，集会の決議によって管理者を選任し，解任することができる。 ……… 法25条①

② 管理者は，共用部分等を保存し，集会の決議を実行し，ならびに規約で定めた行為をする権利を有し，義務を負う。 ……… 法26条①

③ 管理者は，規約または集会の決議により，その職務に関し，区分所有者のために，原告または被告となることができる。この場合，管理者は，遅滞なく，区分所有者にその旨を通知しなければならない。 ……… 法26条④⑤

④ 管理者がその職務の範囲内で第三者とした行為の効果は，規約に別段の定めがない限り，共用部分の持分の割合に応じて各区分所有者に帰属する。 ……… 法29条①

3 規　約　　　　　　　　　　　　　　　　□□□

① 建物等の管理・使用に関する区分所有者相互間の事項は，規約で定めることができる。 ……… 法30条①

② 最初に専有部分の全部を所有する者（分譲業者）は，**公正証書**により規約を設定することができる。 ……… 法32条

③ 規約は，原則として**管理者**が**保管**し，利害関係人の請求があったときは，閲覧を拒んではならず，正 ……… 法33条①② 法71条2号

当な理由がないのに閲覧を拒んだときは20万円以下
の過料に処せられる。

④　規約の**保管場所**は，建物内の見やすい場所に掲示　法33条③
しなければならない。

4　集　　会　　　　　　　　　　　　　　　　　　□□□

①　集会は，少なくとも**毎年1回**管理者が招集する。　法34条①

②　区分所有者の5分の1以上で議決権の5分の1以　法34条③
上を有するものは，管理者に対し，会議の目的たる
事項を示して，集会の招集を請求することができる。
ただし，この定数は規約で減ずることができる。

③　集会の招集通知は，会日より少なくとも**1週間前**　法35条
に，会議の目的を示して各区分所有者に発しなけれ
ばならない。ただし，この期間は，規約で伸縮する
ことができる。

④　集会においては，規約に別段の定めがない限り，　法37条
あらかじめ通知した事項についてのみ決議すること
ができる。

⑤　各区分所有者の議決権は，規約に別段の定めがな　法38条
い限り，専有部分の床面積の割合による。

⑥　専有部分が数人の共有に属するときは，共有者は，　法40条
議決権を行使すべき者1人を定めなければならない。

⑦　集会においては，規約に別段の定めがある場合お　法41条
よび別段の決議をした場合を除いて，管理者または
集会を招集した区分所有者の1人が議長となる。

⑧　集会の議事について，議長は，書議事録を作成し　法42条
なければならず，議事録が書面で作成されていると
きは，議長および集会に出席した区分所有者の2人
がこれに署名（または電子署名）しなければならな
い。

⑨　管理者は，集会において，毎年1回一定の時期に，　法43条
その事務に関する報告をしなければならない。

⑩　区分所有者の承諾を得て専有部分を占有する者は，　法44条①

会議の目的たる事項につき利害関係を有する場合に
は，集会に出席して意見を述べることができる。

⑪　集会において決議をする場合において，区分所有 　法45条①
者全員の承諾があるときは，書面または電磁的方法
による決議をすることができる。

⑫　規約および集会の決議は，専有部分の譲受人など 　法46条
区分所有者の特定承継人に対しても，その効力を生
ずる。

5　集会の決議　　　　　　　　　　　　　　　□□□

①共用部分の変更（17条）	区分所有者・議決権者の$\frac{3}{4}$以上の決議。ただし，規約で区分所有者の定数を過半数まで減ずることができる
②共用部分の管理（18条）	集会の過半数の決議。ただし，規約で別段の定めをすることができる
③共用部分の保存（18条）	各共有者が単独でできる
④管理者の選任・解任（25条）	集会の過半数の決議
⑤規約の設定・変更・廃止（31条）	区分所有者・議決権者の$\frac{3}{4}$以上の決議
⑥集会の招集（34条）	区分所有者・議決権者の$\frac{1}{5}$以上の決議。ただし，規約で$\frac{1}{5}$の定数を引き下げることができる
⑦集会の議事（39条）	区分所有者・議決権者の過半数の決議
⑧義務違反者への行為等の差止請求（57条）	集会の過半数の決議
⑨義務違反者への使用禁止の請求（58条）	区分所有者・議決権者の$\frac{3}{4}$以上の決議
⑩建替え決議（62条）	区分所有者・議決権者の$\frac{4}{5}$以上の決議

1

権利関係

登記手続 □□□★★★

1 登記できる権利 □□□

① **登記できる権利**……不動産に関する所有権，地上 　法3条
権，永小作権，地役権，先取特権，質権，抵当権，
賃借権，配偶者居住権，採石権の保存，設定，移転，
変更，処分の制限または消滅

② 不動産の買戻権は，債権ではあるが，売買契約と
同時に登記をしたときは，第三者対抗力が生ずる。

2 権利の順位 □□□

① 同一の不動産について登記した権利の順位は，原 　法4条
則として**登記の前後**による。

② 付記登記の順位は，主登記の順位により，同一の
主登記にかかる付記登記の順位はその前後による。

3 登記がないことを主張できない者 □□□

① 詐欺または強迫によって登記の申請を妨げた第三者 　法5条

② 他人のために登記を申請する義務を負う第三者

4 登記所・登記記録等 □□□

① 登記の事務は，**不動産の所在を管轄する登記所**が 　法6条
行う。不動産が二以上の登記所の管轄区域にまたが
るときは，法務局長等が指定する。

② **登記記録**（一筆の土地または一個の建物ごとに作 　法12条
成される電磁的記録）は，表題部および権利部に区
分して作成する。

　●**表題部**…表示に関する登記が記録されている部分
　●**権利部**…権利に関する登記が記録されている部分

③ 登記所には，地図および建物所在図を備え付けな 　法14条
ければならない。

5 登記手続 □□□

① 登記は，原則として，**当事者の申請**または**官公署** 　法16条
の**嘱託**がなければすることができない。

② 　登記の申請は，登記の目的および登記原因に応じ，一の不動産ごとに不動産を識別するために必要な事項その他の登記の申請に必要な情報（**申請情報**）を作成し，登記所に提供してしてならない。　法18条

● 申請人（代理人）の氏名（名称）・住所　令3条
● 申請人が法人の場合は，その代表者の氏名
● 他人に代わって登記を申請するときは，代位者である旨，他人の氏名（名称）・住所・代位原因
● 登記の目的
● 登記原因およびその日付
● 土地の場合は，土地の所在する市区町村，地番，地目，地積等の事項
● 建物の場合は，建物の所在する市区町村，家屋番号，建物の種類，構造および床面積等の事項
● 表題登記または権利の保存，設定，移転の登記を申請する場合に，表題部所有者または登記名義人が2人以上であるときは，当該表題部所有者または登記名義人となる者ごとの持分
● 相続人その他の一般承継人が表示に関する登記を申請するときは，申請人が表題部所有者または所有権の登記名義人の一般承継人である旨　ほか

③ 　登記官は，申請の受付時に**受付番号**を付さなければならない。同一の不動産に関し同時に二以上の申請がされたときは，同一の受付番号が付される。　法19条③

④ 　登記官は，同一の不動産に関し権利に関する登記の申請が二以上あったときは，これらの登記を**受付番号の順序**に従って処理する。　法20条

⑤ 　登記権利者および登記義務者が共同して権利に関する登記の申請をする場合には，原則として，申請情報とあわせて登記義務者の**登記識別情報**（登記名義人を識別するための符号その他の情報）を提供しなければならない。　法22条

表示に関する登記　　　□□□★★★

1　表示に関する登記　　　□□□

① 　土地および建物の表示に関する登記の**登記事項**　　法27条
- 登記原因およびその日付
- 登記の年月日
- 所有権の登記がない不動産については所有者の氏名・住所等，所有者が2人以上の場合はその持分
- その他不動産を識別するために必要な事項

② 　登記は，当事者の申請または嘱託によらなければ　　法28条
ならないが，表示に関する登記は，登記官が**職権**で
することができる。

③ 　表題部所有者の氏名または住所についての変更の　　法31条
登記または更正の登記は，表題部所有者以外の者は
申請することができない。

2　土地の表示に関する登記　　　□□□

① 　土地の表示に関する登記の登記事項は，前記1①　　法34条
に掲げる事項のほか，土地の所在する市区町村およ
び字，地番，地目，地積としている。

② 　新たに生じた土地（登記もれの土地，公有水面の　　法36条
埋立て，海底隆起など）または表題登記（表示に関
する登記のうち，当該不動産について表題部に最初
にされる登記）がない土地の所有権を取得した者は，
その所有権の取得の日から**1月以内**に**表題登記**を申
請しなければならない。

③ 　**分筆**または**合筆**の登記は，表題部所有者・所有権　　法39条
の名義人以外の者は，申請することができない。

④ 　登記官は，前記の申請がない場合であっても，一
筆の土地の一部が別の地目となり，または地番区域
を異にするに至ったときは，職権でその土地の分筆
の登記をしなければならない。

⑤ 次の場合には，合筆の登記はすることができない。 法41条
- 相互に接続していない土地の合筆の登記
- 地目・地番区域が相互に異なる土地の合筆の登記
- 表題部所有者・所有権の登記名義人が相互に異なる土地の合筆の登記
- 表題部所有者・所有権の登記名義人が相互に持分を異にする土地の合筆の登記
- 所有権の登記がない土地と所有権の登記がある土地との合筆の登記
- 所有権の登記以外の権利に関する登記がある土地の合筆の登記

3 建物の表示に関する登記

① 建物の表示に関する登記の登記事項は，前記1①に掲げる事項のほか，おおむね次の事項としている。 法44条
- 建物の所在する市区町村，字および土地の地番
- 家屋番号
- 建物の種類，構造および床面積
- 建物の名称があるときは，その名称
- 附属建物があるときは，その所在する市区町村および土地の地番ならびに種類，構造および床面積
- 建物が共用部分であるときはその旨

② 登記官は，表示に関する登記のうち，区分建物に関する敷地権について表題部に最初に登記するときは，敷地権の目的である土地の登記記録について，職権で，登記記録中の所有権，地上権その他の権利が**敷地権である旨の登記**をしなければならない。 法46条

③ 新築した建物または区分建物以外の表題登記がない建物の所有権を取得した者は，所有権取得の日から**1月以内**に**表題登記**を申請しなければならない。 法47条

④ 建物が滅失したときは，表題部所有者または所有権の登記名義人は，滅失の日から**1月以内**に**建物の滅失の登記**を申請しなければならない。 法57条

権利に関する登記　　□□□★★★

1　権利に関する登記の登記事項　　□□□

① 登記の目的 法59条

② 申請の受付の年月日および受付番号

③ 登記原因およびその日付

④ 登記にかかる権利の権利者の氏名・住所等。登記
名義人が2人以上であるときは，当該権利の登記名
義人ごとの持分

⑤ 登記の目的である権利の消滅に関する定めがある
ときは，その定め

⑥ 共有物分割禁止の定めがあるときは，その定め

⑦ 他人に代わって登記を申請した者（代位者）があ
るときは，当該代位者の氏名・住所・代位原因

⑧ 権利の順位を明らかにするため必要な事項

2　権利に関する登記の申請　　□□□

① 権利に関する登記の申請は，原則として，登記権 法60条
利者・登記義務者が**共同**してしなければならない。

● **登記権利者**…登記により直接に利益を受ける者

● **登記義務者**…登記により直接に不利益を受ける登
記名義人

② **権利に関する登記**を申請する場合には，申請人は， 法61条
その申請情報と併せて**登記原因を証する情報**を提供
しなければならない。

③ 共同申請をすべき者の一方に登記手続をすべきこ 法63条
とを命ずる**確定判決**による登記は，共同申請すべき
者の他方が**単独**で申請することができる。なお，**相
続**または**法人の合併**による権利の移転の登記は，登
記権利者が**単独**で申請することができる。

④ 登記名義人の氏名（名称）・住所についての変更の 法64条
登記または更正の登記は，登記名義人が単独で申請

することができる。

⑤　**共有物分割禁止**の定めによる権利の変更の登記の　法65条
申請は，当該権利の共有者であるすべての登記名義
人が**共同**してしなければならない。

3　所有権に関する登記　□□□

①　所有権の登記の登記事項は，法59条の権利に関す　法73条の2
る登記の登記事項のほか，次の事項とする。

- ●所有権の登記名義人が法人であるときは，会社法
  人等番号等の法人を識別するために必要な事項
- ●所有権の登記名義人が国内に住所を有しないとき
  は，国内の連絡先となる者の氏名または名称およ
  び住所その他の連絡先に関する事項

②　所有権の**保存**の登記は，権利の登記として初めて　法74条
登記簿に記録される登記で，表題部所有者，その相
続人その他の一般承継人または所有権が確定判決に
よって確認された者等以外の者は申請することがで
きない。

③　区分建物の表題部所有者から所有権を取得した者
も，①の登記を申請することができ，その建物が敷
地権付き区分建物であるときは，当該敷地権の登記
名義人の承諾を得なければならない。

4　相続登記

①　所有権の登記名義人について相続の開始があった　法76条の2
ときは，当該相続により所有権を取得した者は，自
己のために相続の開始があったことを知り，かつ，
当該所有権を取得したことを知った日から**3年以内**
に所有権の移転の登記を申請しなければならない。

②　所有権の登記名義人の氏名，住所等に変更があっ　法76条の5
たときは，当該所有権の登記名義人は，その変更が
あった日から**2年以内**に変更の登記を申請しなけれ
ばならない。

右欄外：**1　権利関係**

5 用益権の登記 □□□

① **賃借権**の登記の登記事項は，法59条の権利に関する登記の登記事項のほか，次の事項とする。　法81条

- ●賃料
- ●存続期間または支払時期等，定期借地権・定期建物賃貸借の定めがあるときはその定め
- ●敷金があるときはその旨
- ●土地の賃借権設定の目的が建物の所有であるときはその旨

② **配偶者居住権**の登記の登記事項は，法59条の権利に関する登記の登記事項のほか，次の事項とする。

- ●存続期間
- ●第三者に居住建物の使用・収益をさせることを許す旨の定めがあるときは，その定め

5 担保権等に関する登記 □□□

① 先取特権，質権もしくは転貸または抵当権の登記の登記事項は，権利に関する登記の登記事項に掲げるもののほか，次の事項とする。　法83条

- ●債権額，債務者の氏名等および住所
- ●所有権以外の権利を目的とするときは，その目的となる権利
- ●二以上の不動産に関する権利を目的とするときはそれらの不動産および権利

② **抵当権**（根抵当権を除く）の登記事項は，権利に関する登記の登記事項および担保権の登記の登記事項に掲げるもののほか，利息や損害賠償額に関する定めがあるときはその定め，債権に付した条件があるときはその条件などとする。　法88条

6 信託に関する登記 □□□

① 信託の登記の申請は，当該信託による権利の移転・保存・設定の登記の申請と同時にしなければならない。　法98条

不動産登記法

仮登記・仮処分に関する登記　□□□★★

1 仮登記　□□□

① 仮登記は，次に掲げる場合にすることができる。　法105条

● 権利について保存，設定，移転，変更，処分の制限・消滅があった場合に，登記識別情報，登記原因を証する情報などを提供できないとき

● 登記できる権利の設定，移転，変更または消滅に関して請求権を保全しようとするとき

② 仮登記に基づいて本登記をした場合には，本登記の順位は，**仮登記の順位**による。　法106条

③ 仮登記は，仮登記の**登記義務者の承諾**があるときおよび仮登記を命ずる処分があるときは，当該仮登記の登記権利者が**単独**で申請することができる。　法107条

④ 所有権に関する仮登記に基づく本登記は，登記上利害関係を有する第三者がある場合には，当該第三者の承諾があるときに限り申請することができる。　法109条

⑤ 仮登記の抹消は，仮登記の登記名義人が単独で申請することができる。　法110条

2 仮処分に関する登記　□□□

① 所有権について民事保全法の規定による処分禁止の登記がされた後，当該処分禁止の登記にかかる仮処分の債権者が，当該仮処分の債務者を登記義務者とする所有権の登記（仮登記を除く）を申請する場合には，当該債権者は，当該処分禁止の登記に後れる登記の抹消を**単独**で申請することができる。　法111条

② 所有権以外の権利について処分禁止の登記がされた後，当該処分禁止の登記にかかる仮処分の債権者が，当該仮処分の債務者を登記義務者とする当該権利の移転または消滅の登記を申請する場合も前記①と同様に仮処分債権者が**単独**ですることができる。

登記事項の証明等 □□□★★

1 登記事項証明書の交付等 □□□

① 何人も，登記官に対し，手数料を納付して，登記
記録（表示に関する登記または権利に関する登記に
ついて，一筆の土地または一個の建物ごとに作成さ
れる電磁的記録）に記録されている事項の全部また
は一部を証明した**書面**（**登記事項証明書**）の**交付**を
請求することができる。 　法119条

② 登記事項証明書の交付の請求は，請求にかかる不
動産の所在地を管轄する登記所以外の登記所の登記
官に対してもすることができる（郵送またはオンラ
インでも可）。

2 地図の写し，登記簿の附属書類の写しの交付等 □□□

① 何人も，登記官に対し，手数料を納付して，地図，
建物所在図または地図に準ずる図面（地図等）の全
部または一部の写しの交付を請求することができる。
また，何人も，登記官に対し，手数料を納付して，
地図等の閲覧を請求することができる。 　法120条

② 何人も，登記官に対し，手数料を納付して，登記
簿の附属書類（電磁的記録を含む）のうち図面の全
部または一部の写しの交付を請求することができる。
また，何人も，登記官に対し，手数料を納付して，
登記簿の附属書類の閲覧を請求することができる。 　法121条

3 筆界特定 □□□

① 土地の所有権登記名義人等は，筆界特定登記官に
対し，当該土地とこれに隣接する他の土地との筆界
について，筆界特定の申請をすることができる。 　法131条①

② 何人も，登記官に対し，手数料を納付して，筆界
特定書等の写しの交付を請求することができる。 　法149条①

都市計画法

都市計画区域　　　　　□□□★★★

1 都市計画区域の指定　　　　　□□□

① **都道府県**は，一体の都市として総合的に整備・開発・保全する必要がある区域を，あらかじめ，**関係市町村**および**都道府県都市計画審議会**の**意見**を聴くとともに，**国土交通大臣**に**協議**し，その**同意**を得て，都市計画区域として指定することができる。　　法5条③

② **2以上**の都府県の区域にわたる場合には，**国土交通大臣**が関係都府県の意見を聴いて指定する。　　法5条④

③ **都道府県**は，都市計画区域外の区域のうち，相当数の建築物等の建築が現に行われ，または行われると見込まれる一定の区域を，あらかじめ，**関係市町村**および**都道府県都市計画審議会**の**意見**を聴いて，準都市計画区域を指定することができる。　　法5条の2①

④ **都市計画のしくみ**
- ●都市計画区域（市街化区域，市街化調整区域，未線引区域）
- ●準都市計画区域
- ●都市計画区域・準都市計画区域以外

⑤ 都市計画区域・準都市計画区域については，都市計画に用途地域を定めることができる。　　法8条①②

⑥ 用途地域については，都市計画に，容積率とともに，建築物の敷地面積の最低限度を定めるものとする。　　法8条③2

2 区域区分（線引）　　　　　□□□

① **市街化区域**　　法7条②
- ●すでに市街地を形成している区域
- ●おおむね**10年以内**に優先的かつ計画的に市街化を図るべき区域

② **市街化調整区域**……市街化を抑制すべき区域　　法7条③

用途地域　　　□□□★★

1 用途地域の種類　　　　　　　　　　　□□□

地	域	内　　容
住居系	第1種低層住居専用地域	低層住宅にかかる良好な住居の環境を保護するため定める地域；
	第2種低層住居専用地域	主として低層住宅にかかる良好な住居の環境を保護するため定める地域
	田園住居地域	農業の利便の増進を図りつつ，これと調和した低層住宅にかかる良好な住居の環境を保護するため定める地域
	第1種中高層住居専用地域	中高層住宅にかかる良好な住居の環境を保護するため定める地域
	第2種中高層住居専用地域	主として中高層住宅にかかる良好な住居の環境を保護するため定める地域
	第1種住居地域	住居の環境を保護するため定める地域
	第2種住居地域	主として住居の環境を保護するため定める地域
	準住居地域	道路の沿道としての地域の特性にふさわしい業務の利便の増進を図りつつ，これと調和した住居の環境を保護するため定める地域
商業系	近隣商業地域	近隣の住宅地の住民に対する日用品の供給を行うことを主たる内容とする商業その他の業務の利便を増進するため定める地域
	商業地域	主として商業その他の業務の利便を増進するため定める地域
工業系	準工業地域	主として環境の悪化をもたらすおそれのない工業の利便を増進するために定める地域
	工業地域	主として工業の利便を増進するために定める地域
	工業専用地域	工業の利便を増進するために定める地域

＊参照条文：法9条①〜⑬

都市計画法

その他の地域地区　□□□★★

1　その他の地域地区　□□□

2

法令上の制限

		内　　容
用途地域内	特別用途地区	特別の目的からする土地利用の増進，環境保護を図るための地区（準都市計画区域内も可）
	高層住居誘導地区	住居と住居以外の用途とを適正に配分し，利便性の高い高層住宅の建設を誘導するため，容積率の最高限度等を定める地区
	特例容積率適用地区	適正な配置および規模の公共施設を備えた土地の区域において，土地の高度利用を図るため定める地区
	高度地区	市街地の環境維持または土地利用増進のため，建築物の高さの最高限度・最低限度を定める地区（準都市計画区域内も可）
	高度利用地区	市街地における土地の合理的かつ健全な高度利用と都市機能の更新のため，容積率等の制限を定める地区
都市計画区域内	特定街区	市街地の整備改善を図るため街区の整備・造成が行われる地区で容積率等を定める街区
	都市再生特別地区	都市の再生に貢献し，土地の合理的かつ健全な高度利用を図る特別の用途，容積，高さ，配列等の建築物の建築を誘導するため定める地区
	防火・準防火地域	市街地における火災の危険を防除するため定める地域
準都市計画区域都市計画区域内	特定用途制限地域	良好な環境の形成・保持のため，制限すべき特定の建築物等の用途の概要を定める地域（用途地域外。市街化調整区域を除く）
	景観地区	市街地の良好な景観の形成を図るため定める地区
	風致地区	都市の風致を維持するため定める地区

都市計画　　　　□□□★★★

1 地域地区　　　　□□□

① **都市計画区域**については，都市計画に用途地域等　　法8条①
の**地域地区**を定めることができる。

② 　地域地区は，土地の自然的条件および土地利用の　　法13条①7号
動向を勘案して，住居，商業，工業その他の用途を
適正に配分することにより，適正な都市環境を保持
するように定める。この場合，市街化区域には少な
くとも用途地域を定めるものとし，市街化調整区域
には，原則として用途地域を定めないものとする。

2 都市施設　　　　□□□

① 　都市計画では，都市計画区域内に道路・公園・水　　法11条①
道・学校・病院等の**都市施設**を定める。この場合，
とくに必要があるときは，都市計画区域外において
もこれらの施設を定めることができる。

② **市街化区域**と**非線引区域**では少なくとも**道路・公**　　法13条①11号
園・下水道を定めるものとし，**住居系**の用途地域で
はさらに**義務教育施設**を定めるものとされている。

3 市街地開発事業　　　　□□□

① 　一定の区域を総合的な計画に基づいて新たに開発　　法13条①12号
し，あるいは再開発する事業をいい，**市街化区域**ま
たは**非線引都市計画区域内**で定められる。

② **市街地開発事業の種類**

● 土地区画整理事業　　● 新住宅市街地開発事業　　法12条
● 工業団地造成事業　　● 市街地再開発事業
● 新都市基盤整備事業　● 住宅街区整備事業
● 防災街区整備事業

4 地区計画等　　　　□□□

① 　地区計画等に関する都市計画の種類　　法12条の4

● 地区計画　　　　　● 防災街区整備地区計画

- ●沿道地区計画　　●歴史的風致維持向上地区計画
- ●集落地区計画

② 　地区計画とは，建築物の建築形態，公共施設その　　｜法12条の5①
他の施設等の配置からみて，一体として各街区を整
備・開発・保全するための計画である。

③ 　地区計画は，用途地域の定めのある土地ばかりで
はなく，用途地域が定められていない土地の区域の
うち一定の要件を満たす区域について定められる。

④ 　地区計画については，都市計画に，地区計画の種　　｜法12条の5②
類，名称，位置・区域，地区整備計画を定めるとと
もに，地区計画の目標，区域の整備・開発・保全に
関する方針を定めるよう努めなければならない。

⑤ 　**再開発等促進区**……土地の合理的かつ健全な高度　　｜法12条の5③
利用と都市機能の増進とを図るため，一体的・総合
的な市街地の再開発または開発整備を実施するため
に定められる地区計画の区域。

⑥ 　**開発整備促進区**……劇場，店舗等に類する用途に　　｜法12条の5④
供する大規模な建築物（特定大規模建築物）の整備
による商業その他の利便の増進を図るため，一体
的・総合的な市街地の開発整備を実施すべき区域。

⑦ 　市街化調整区域における地区計画は，市街化区域　　｜法13条①14号
における市街化の状況等を勘案して，計画的な市街
化を図る上で支障がないように定める。

5　都市計画を定める者　　□□□

① 　都市計画は，**都道府県**または市町村が定める。　　｜法15条

② 　都市計画区域の整備，開発および保全の方針に関
する都市計画，区域区分に関する都市計画等は都道
府県が，その他の都市計画は市町村が定める。

③ 　市町村が定めた都市計画が，都道府県の都市計画
と抵触するときは，都道府県の都市計画が優先する。

④ 　2以上の都府県にわたる都市計画は，**国土交通大**　　｜法22条
臣と市町村が定める。

2

法令上の制限

開発行為の許可　　　　　□□□★★★★★

開発行為とは，主として建築物の建築または特定工 | 法4条⑫
作物の建設の用に供する目的で行う土地の区画形質の
変更をいう。

1 開発許可の申請　　　　　　　　　　　　　□□□

① 　**都市計画区域**または**準都市計画区域**で開発行為を | 法29条①
しようとする者は，あらかじめ，都道府県知事の**許
可**を受けなければならない。

② 　許可を必要としない開発行為
- 市街化区域 ⇨ **1,000㎡未満**の開発行為 | 令19条①
- 非線引都市計画区域，準都市計画区域
  ⇨ **3,000㎡未満**の開発行為
- 首都圏整備法，近畿圏整備法，中部圏開発整備 | 令19条②
  法が定める対象区域内の市街化区域
  ⇨ **500㎡未満**の開発行為
- 都市計画区域・準都市計画区域外 | 令22条の2
  ⇨ **1ha（1万㎡）未満**の開発行為

許可を必要としない開発行為

線引都市 計画区域	市街化区域	1,000㎡未満
	市街化調整区域	——
非線引都市計画区域 準都市計画区域		3,000㎡未満
都市計画区域 準都市計画区域　　**外**		1ha（1万㎡）未満

〈都市計画区域・準都市計画区域内〉
- 市街化調整区域，非線引都市計画区域，準都市計 | 法29条①2〜
  画区域内で行う農林漁業用建築物，農林漁業を営

む者の居住用建築物の建築を目的とした開発行為

● 都市公園法に規定する公園施設，鉄道施設，図書　　｜ 令21条
館，公民館，博物館，変電所等の公益上必要な建
築物のうち，適正かつ合理的な土地利用および環
境の保全を図る上で支障がない建築物の建築を目
的とした開発行為（学校，社会福祉施設，医療施
設は除く）

● 都市計画事業，土地区画整理事業等の施行として
行う開発行為

● 非常災害の応急措置として行う開発行為

● 通常の管理行為，軽易な行為

2　開発許可の手続　　　　　　　　　　　　　　　□□□

① 開発許可を受けようとする者は，開発区域の位置，　｜ 法30条
区域，規模，予定建築物等の用途，開発行為に関す
る設計，工事施行者等を記載した開発許可申請書を
都道府県知事に提出しなければならない。

② **1 ha 以上**の開発行為に関する設計図書は，一定の　｜ 法31条
資格を有する者の作成したものでなければならない。

③ 開発許可を申請しようとする者は，あらかじめ，　　｜ 法32条
開発行為に関係のある**公共施設**の管理者の**同意**を得
るとともに，開発行為により**新たに設置される公共
施設**を管理することとなる者，その他水道，ガス，
電気事業者等と**協議**しなければならない。

開発許可の基準　☐☐☐★★★★

1　一般的基準　☐☐☐

　都道府県知事は，申請された開発行為が次の**基準の** 法33条①
すべてに該当し，手続が**適法**であるときは，**許可**しな
ければならない。

① 　予定建築物等の用途が，次のいずれかの用途制限
　 に適合していること

　●用途地域等が定められている場合……当該用途地
　　域等内における用途制限

　●用途地域等が定められていない場合……建築基準
　　法48条13項等に定める用途地域の指定のない区域
　　内の用途制限

② 　主として自己の居住用住宅を建築する目的で行う
　 開発行為以外のものにあっては，**公共の空地**が適当
　 に配置され，かつ**主要な道路**が開発区域外の相当規
　 模の道路に接続するように設計されていること

③ 　**排水施設**が，開発区域内の下水を有効に排水し，
　 溢水等の被害を生じないように設計されていること

④ 　主として，自己の居住用住宅を建築する目的で行
　 う開発行為以外のものにあっては，水道その他の**給**
　 水施設が適当に配置されるように設計が定められて
　 いること

⑤ 　地区計画等が定められているときは，予定建築物
　 等の用途，開発行為の設計がこれらの計画の内容に
　 適合していること

⑥ 　開発行為の利便の増進と周辺地域の環境保全とが
　 図られるように，公共施設等と予定建築物の用途の
　 配分が定められていること

⑦ 　地盤の改良，擁壁または排水施設の設置その他安
　 全上必要な措置が講ぜられるように設計が定められ

ていること

⑧　主として，自己の居住用住宅や特定工作物で業務
用建築物等を建築・建設する目的で行う開発行為以
外のものにあっては，原則として災害危険区域，地
すべり防止区域等の土地を含まないこと

⑨　1 ha 以上の開発行為では，樹木の保存，表土の保
全等の措置が講ぜられるよう設計されていること

⑩　1 ha 以上の開発行為では，緑地帯その他の緩衝帯
が措置されるよう設計されていること

⑪　40ha 以上の開発行為では，その開発行為が輸送の
便からみて支障がないと認められること

⑫　主として，自己の居住用住宅や特定工作物で業務
用建築物等を建築・建設する目的で行う開発行為以
外のものにあっては，必要な資力および信用を有す
ること

⑬　上記の場合において，工事施行者に開発行為に関
する工事を完成するために必要な能力があること

⑭　開発区域内の土地建物等の**関係権利者**の相当数の
同意を得ていること

2　特別基準　□□□

①　**市街化調整区域**は「市街化」を抑制すべき区域で
あるので，より厳しい規制が加えられている。すな
わち，市街化調整区域の開発行為については，前記
の**一般的基準**に該当し，かつ次のいずれかに該当す
る場合でなければ，**許可してはならない。**

法34条

●主として当該開発区域の周辺の地域において居住
している者の利用に供する公益上必要な建築物ま
たはこれらの者の日常生活に必要な物品を販売す
る店舗，事業場等の建築物の建築の用に供する目
的で行う開発行為

●鉱物資源，観光資源等の有効な利用上必要な建築
物または第1種特定工作物の建築・建設の用に供

する目的で行う開発行為

- 温度，湿度，空気等について特別の条件を必要とする事業の用に供する建築物または第1種特定工作物で，市街化地域内で建築・建設することが困難なものの建築・建設の用に供する目的で行う開発行為
- 農林水産物の処理，貯蔵，加工のための建築物の建築の用に供する目的で行う開発行為
- 都道府県知事が開発審査会の議を経て，開発区域の周辺における市街化を促進するおそれがなく，かつ，市街化区域内において行うことが困難または著しく不適当と認める開発行為

② ゴルフコース（規模を問わない），1 ha 以上の野球場，遊園地その他の運動・レジャー施設および墓園等**第2種特定工作物**の建設の目的で行う開発行為については，上記特別基準は適用されず，一般的基準に適合すれば開発許可が得られる。

3 開発許可の特例

□□□

国または都道府県等が行う開発行為については，都道府県知事との**協議**の成立をもって開発許可があったものとみなす。

法34条の2①

都市計画法

変更の許可，工事完了の検査　□□□★★★

1　変更の許可　　□□□

① 許可を受けた者が開発許可の内容を**変更**する場合 │ 法35条の2
には，軽微なものを除いて都道府県知事の**許可**を受
けなければならない。

2　工事完了の検査　　□□□

① 開発許可を受けた者は，開発区域の全部について │ 法36条
開発行為に関する**工事**が**完了**したときは，都道府県
知事にその旨を**届け出**なければならない。

② 都道府県知事は，検査の結果，適合しているとき
には**検査済証**を発行するとともに，**工事完了の公告**
をしなければならない。

③ 開発許可を受けた者が，やむを得ず工事を中途で │ 法38条
廃止したときは，遅滞なく，その旨を都道府県知事
に**届け出**なければならない。

3　公共施設の管理　　□□□

① 開発行為により設置された**公共施設**は，**工事完了** │ 法39条
公告の日の翌日に市町村の管理に属する。

② 従前の公共施設に代えて新たな公共施設が設置さ │ 法40条
れた場合には，従前の公共施設用地で国または地方
公共団体が所有するものは，**工事完了公告の日の翌**
日に開発許可を受けた者に帰属し，新たな公共施設
用地は，国または地方公共団体に帰属する。

4　開発許可の承継　　□□□

① 開発許可を受けた者の**相続人その他の一般承継人** │ 法44条
は，当該開発許可に基づく地位を承継する。

② 開発許可を受けた者から土地の所有権その他工事 │ 法45条
を施行する権原を取得した者は，**都道府県知事の承**
認を受けて当該開発許可に基づく地位を承継できる。

建築物の建築等の規制　□□□★★

1 工事完了公告前の建築制限　□□□

① 開発許可を受けた開発区域内の土地においては，次の場合を除いて，**工事完了公告があるまでの間**は，建築物の建築，特定工作物の建設を行うことはできない。

- 工事用の仮設建築物の建築，特定工作物の建設
- 都道府県知事が支障ないと認めたとき
- 開発区域内の土地所有者その他の権利者で開発行為に同意していない者が，自己の権原に基づいて建築物，特定工作物を建築または建設するとき

法37条

2 工事完了公告後の建築制限　□□□

① 開発許可を受けた開発区域内では，次の場合を除いて，何人も，**工事完了公告後**は，開発許可にかかる予定建築物等以外の建築物または特定工作物を新築，新設することができない。

- **用途地域等**が定められているとき
- 都道府県知事が支障ないと認めて**許可**したとき

法42条

3 建蔽率等の制限　□□□

① 都道府県知事は，**用途地域の定められていない土地**の区域内の開発許可にあたって，必要があると認めるときは，建蔽率，建築物の高さ，壁面の位置その他建築物の敷地，構造および設備に関する制限を定めることができる。

法41条

4 市街化調整区域内の建築制限　□□□

① 市街化調整区域のうち開発許可を受けた**開発区域以外の区域内**においては，都道府県知事の許可を受けなければ，農林漁業用の建築物や駅舎，図書館等の公益上必要な建築物以外の建築物または第1種特定工作物を新築，新設することはできない。

法43条

② また，建築物を改築しまたは用途を変更して，これら以外の建築物にしてはならない。

③ **適用除外となる建築物の新築等**
- 都市計画事業として行う場合
- 非常災害の応急措置として行う場合
- 通常の管理行為，軽易な行為その他

④ 国または都道府県等が行う建築物の新築，改築等については，都道府県知事との**協議**の成立をもって許可があったものとみなす。

5 その他の行為制限 □□□

① 田園住居地域内の農地の区域内において土地の形質の変更，建築物の建築等を行おうとする者は，原則として**市町村長の許可**を受けなければならない。　法52条

② **市街地開発事業等予定区域**に関する都市計画で定められた区域内において，土地の形質変更，建築物の建築，工作物の建設を行おうとする者は，**都道府県知事**（市の区域内にあっては市長。以下，都道府県知事等という）**の許可**を受けなければならない。　法52条の2

③ 都市計画で定められた**都市計画施設の区域**または**市街地開発事業の施行区域内**において，建築物の建築をしようとする者は，都市計画事業の施行として行う行為または非常災害のため必要な応急措置として行う行為等を除き，**都道府県知事等の許可**を受けなければならない。　法53条

建築確認

1 建築確認が必要な建築物 □□□

適用区域	建物の分類（法6条1項）	用途構造別表第1(い)	規模等	工事種別
全　国	1号	特殊建築物 劇場，病院，ホテル，百貨店，自動車車庫等	左記用途に供する部分の床面積の合計＞200㎡	新築，増改築・移転，大規模修繕・模様替え等 特殊建築物への用途変更
	2号	木造の建築物	階数≧3 延べ面積＞500㎡ 高さ＞13m 軒の高さ＞9m	新築，増改築・移転，大規模修繕・模様替え等 200㎡超の特殊建築物への用途変更
	3号	木造以外の建築物	階数≧2 延べ面積＞200㎡	同上
都市計画区域等内	4号	1号～3号以外の建築物		新築，増改築・移転

① 建築確認を受けなければならないのは ⇨ 建築主
② 建築確認を必要とする建築物
- 特殊建築物……200㎡超
- 木造……3階以上，高さ13m超，軒高9m超，500㎡超

●木造以外……2階以上，または200㎡超

③　前掲表の①特殊建築物，②大規模建築物（木造，木造以外）は，建築，大規模修繕および模様替えをする場合に建築確認が必要である。

④　特殊建築物は，用途変更（**類似の用途**相互間におけるものである場合は除く）についても確認申請を要する。

⑤　防火・準防火地域**外**における**増改築・移転**で，床面積の合計が**10㎡以内**のものについては，建築確認を受ける必要はない。 ……法6条②

⑥　建築主事または建築副主事（建築主事等）は，建築物の計画が構造耐力上の基準に適合するかどうかを審査するときは，知事に**構造計算適合性判定**を求めなければならず，知事は求められた日から**14日以内**に通知書を建築主事等に交付しなければならない。 ……法6条⑤，⑧

⑦　建築主は，工事完了の日から**4日以内**に完了検査申請書を建築主事等に提出しなければならない。 ……法7条①〜③

⑧　前掲表の①〜②の建築物は，原則として検査済証の交付を受けた後でなければ使用することができない（例外：特定行政庁が仮使用の承認をしたとき，完了検査申請書受理後7日を経過したときは仮使用可）。 ……法7条④，⑤

⑨　建築確認を受けた工事が，3階建て以上の共同住宅の床・はりに鉄筋を配置する工事等（**特定工程**）を含む場合は，特定工程を終えたときに，建築主事等に**中間検査**の申請をしなければならない。 ……法7条の3

2　違反建築物等に対する措置 □□□

①　特定行政庁は，違反建築物の所有者・建築主等に対して必要な措置をとるよう命令することができる。 ……法9条

②　この場合，特定行政庁はあらかじめ，違反者に対して命じようとする措置等を記載した通知書を交付しなければならず，交付を受けた者は，3日以内に公開による意見の聴取の実施を請求することができる。

単体規定・建築協定　□□□★★

1 単体規定と集団規定　□□□

① **単体規定**……建築物の敷地・設備・構造・用途等に関する法第2章（19条〜41条）の規定

② **集団規定**……建築物と都市との関係に関する法第3章（41条の2以下）の規定。都市計画区域および準都市計画区域内に限り適用される。

2 建築物の敷地，構造および建築設備　□□□

① 建築物の敷地は，原則として，これに接する道の境より高くなければならず，建築物の地盤面は，これに接する周囲の土地より高くなければならない。　法19条①

② 建築物は，次の区分に応じ，安全上必要な構造方法に関して定められた技術的基準に適合するものでなければならない。　法20条

- 高さ60m超の建築物……**構造計算**によって安全性が確かめられたものとして国土交通大臣の認定を受けたものであること

- 高さ60m以下の建築物のうち一定規模以上のもの……建築物の区分に応じ，国土交通大臣が定めた方法による構造計算または国土交通大臣の認定を受けたプログラムによって確かめられる安全性を有するものであること

- 上記以外の建築物……一定の技術的基準に適合すること

③ 4階以上の建築物，高さ16m超の建築物，倉庫・自動車車庫等で高さ13m超の建築物は，延焼防止のために主要構造部に必要とされる一定の技術的基準に適合するもの等としなければならない。　法21条

④ 特定行政庁が，防火地域および準防火地域以外の市街地について指定する区域内にある**木造の特殊建築物**　法24条

のうち，a．学校，劇場，公会堂等，b．床面積50㎡超の自動車車庫，c．階数2，床面積の合計が200㎡を超える百貨店，共同住宅等は，その外壁・軒裏で延焼のおそれがある部分を**防火構造**としなければならない。

⑤　**延べ面積1,000㎡超**の建築物は，防火上有効な構造の**防火構造**とし，その屋根の構造を一定の技術的基準に適合する**不燃化**としなければならない。　　法25条

⑥　**延べ面積1,000㎡超**の建築物は，防火上有効な構造の**防火壁**または**防火床**によって有効に区画し，かつ，各区画の床面積の合計をそれぞれ**1,000㎡以内**としなければならない（耐火建築物・準耐火建築物を除く）。　　法26条

⑦　倉庫の用途に供する建築物で，その用途に供する3階以上の部分の床面積の合計が200㎡以上であるものは，耐火建築物としなければならない。　　法27条

⑧　住宅の居室，学校の教室，病院の病室等には，採光のための窓その他の**開口部**（居室の床面積5分の1〜10分の1までの間で居室の種類に応じた一定割合以上）を設けなければならない。　　法28条①

⑨　居室には換気のための窓その他の開口部を設け，その換気に有効な部分の面積は，その居室の床面積に対して，20分の1以上としなければならない。　　法28条②

⑩　建築物は，**石綿**等を添加した建築材料の使用を禁止するとともに，クロルピリホスおよびホルムアルデヒドからの飛散等による支障のないよう，一定の基準に適合するものとしなければならない。　　法28条の2

⑪　長屋または共同住宅の各戸の界壁は，小屋裏または天井裏に達するもの等としなければならない。　　法30条

⑫　居室の天井の高さは，2.1m以上（高さが異なる場合には平均2.1m以上）でなければならない。　　令21条

⑬　階段には，手すりを設けなければならない（高さ1メートル以下の階段の部分を除く）。　　令25条

⑭　**高さ20m超**の建築物には，原則として，有効に**避**　　法33条

雷設備を設けなければならない。

⑮ **高さ31m超**の建築物には，原則として，非常用の **昇降機**を設けなければならない。 | 法34条

⑯ 地方公共団体は，条例で，津波，高潮，出水等による危険の著しい区域を**災害危険区域**として指定することができ，当該区域内の災害防止上必要なものは条例で定める。 | 法39条

⑰ 地方公共団体は，条例で，建築物の敷地，構造または建築設備に関して安全上，防火上または衛生上必要な制限を附加することができる。 | 法40条

3 避難施設等 □□□

① 建築物の避難階以外の階を，劇場や演芸場，床面積の合計が1,500㎡を超える物品販売業を営む店舗とする場合には，その階から避難階または地上に通ずる二以上の直通階段を設けなければならない。 | 令121条

② 2階以上の階にあるバルコニーその他これに類するものの周囲には，安全上必要な高さ1.1m以上の手すり壁，柵または金網を設けなければならない。 | 令126条

③ 建築物の高さ31m以下の部分にある3階以上の階には，エレベーターを設置している場合等を除いて，非常用の進入口を設ける必要がある。 | 令126条の6

④ 一定の特殊建築物や階数が3以上の建築物等の敷地内には，屋外避難階段や，建築物の出口から道または公園等の空地に通ずる幅員1.5m（3階建て以下かつ延べ面積200㎡以下であれば90cm）以上の通路を設けなければならない。 | 令128条

4 建築協定 □□□

① **建築協定の成立要件**

　●市町村の条例で，協定を締結することができる旨の定めがなければならない。 | 法69条

　●所有者等の全員の合意（借地権の目的となっている土地は借地権者の合意）がなければならない。 | 法70条

建築基準法

道路関係による制限 □□□ ★★★

1 道路の定義 □□□

① 建築基準法上の道路とは，次のいずれかに該当す | 法42条①
る幅員 4 m 以上（特定行政庁が指定する区域内にお
いては 6 m 以上）のものをいう。

● 道路法による道路

● 都市計画法，土地区画整理法，都市再開発法等に
よる道路

● 建築基準法 3 章の規定の適用の際，すでにあった
道

● 道路法等による新設・変更の事業計画のある道路
で，特定行政庁が指定したもの

● 私道のうち，所有者等により道路の位置指定の申
請に基づいて特定行政庁が指定したもの

② 法第 3 章の規定（集団規定）の適用の際，現に建 | 法42条②
築物が立ち並んでいる道で，特定行政庁の指定があ
ったものは，幅員 4 m 未満でも道路とみなされる。

③ ②の場合には，その道路の中心線からの水平距離
2 m ずつ後退した線をその道路の境界線とみなす。

2 建築物の接道義務 □□□

① 都市計画区域または準都市計画区域内では，建築 | 法43条
物の敷地は道路に 2 m 以上接していなければならな
い。

② ①の規定は，その敷地が幅員 4 m 以上の道に 2 m
以上接する建築物，敷地の周囲に広い空地を有する
建築物等のうち，特定行政庁が交通上，安全上，防
火上および衛生上支障がないと認めるものについて
は適用しない（建築審査会の同意も不要）。

③ 特殊建築物，階数が 3 以上の建築物，延べ面積が
1,000㎡を超える建築物等については，地方公共団

体の条例で必要な制限を付加することができる。

3 道路内の建築制限　□□□

① 道路内では，次の場合を除いて，原則として，建 法44条
築物の建築，敷地を築造するための擁壁の設置が禁
止されている。

- 地盤面下に建築するもの
- 公衆便所，巡査派出所その他これらに類する公益
  上必要な建築物で，特定行政庁が許可したもの
- 地区計画の区域内の道路の上空または路面下に設
  ける建築物のうち，特定行政庁が安全上，防火上
  および衛生上支障がないと認めるもの
- 公共用歩廊（商店街のアーケード等）その他の建
  築物で，特定行政庁が許可したもの

4 私道の変更または廃止の制限　□□□

① 私道の変更・廃止によって接道義務に抵触するよ 法45条
うな場合には，特定行政庁は私道の変更・廃止を禁
止または制限することができる。

5 壁面線による建築制限　□□□

① 特定行政庁は，街区内における建築物の位置を整 法46条
えその環境の向上を図るため必要があると認められ
る場合は，**建築審査会の同意を得て壁面線を指定す**
ることができる。

② 壁面線の指定があると，次のものは壁面線を越え 法47条
て建築することができない。

- 建築物の壁もしくはこれに代わる柱
- 高さ2mを超える門もしくは塀

建築基準法

建築物の用途制限　□□□★★

1　用途地域別規制の概要　□□□

用途	住居系								商業系		工業系			指定のない区域
	第1種低層住専	第2種低層住専	田園住居	第1種中高層住専	第2種中高層住専	第1種住居	第2種住居	準住居	近隣商業	商業	準工業	工業	工業専用	
住宅　住宅, 共同住宅, 寄宿舎, 下宿													×	
住宅　店舗等の兼用住宅で一定規模以下のもの													×	
生活関連施設　幼稚園, 小・中・高校												×	×	
生活関連施設　大学, 専修学校等	×	×	×									×	×	
生活関連施設　図書館, 博物館等													×	
生活関連施設　神社, 寺院, 教会等														
生活関連施設　老人ホーム等													×	
生活関連施設　老人福祉センター等	△(600㎡以下)	△	△											
生活関連施設　病院	×	×	×									×	×	
生活関連施設　診療所, 公衆浴場, 保育所等														
生活関連施設　巡査派出所														
商業施設その他　ボーリング場, スケート場等	×	×	×	×	×	△(3000㎡以下)							×	
商業施設その他　自動車教習所	×	×	×	×	×	△(3000㎡以下)								
商業施設その他　カラオケボックス等	×	×	×	×	×	×	△(1万㎡以下)				△	△	△	
商業施設その他　キャバレー, 料理店等	×	×	×	×	×	×	×	×	×			×	×	
商業施設その他　劇場・映画館	×	×	×	×	×	×	×	△(客席200㎡未満)				×	×	△(客席1万㎡以下)
商業施設その他　倉庫業倉庫	×	×	×	×	×	×	×							

(注)　×印は建てられない用途, △印は面積の制限あり（法48条, 別表第2）。

2 建築物の用途制限のポイント

① **住宅・図書館**は，工業専用地域以外のすべての地域で建築できる。

② **老人福祉センター**（600㎡以下）は，すべての地域で建築できるが，**老人ホーム**は工業専用地域では建築できない。

③ **幼稚園，小・中・高等学校**は工業，工業専用地域では建築できない。

④ **大学・病院**は，第1種・第2種低層住専，田園住居，工業，工業専用地域では建築できない。

⑤ **キャバレー，料理店，**ナイトクラブは，商業・準工業地域でしか建築できない。

⑥ **カラオケボックス**は，第2種住居地域では建築できるが，第1種住宅地域では建築できない。

⑦ **倉庫業を営む倉庫**は，第2種住居地域内では建築できない。

⑧ **床面積1万㎡を超える店舗等**は，準工業地域では建築できるが，工業地域では建築できない。

⑨ 第1種低層住専地域で建築できる用途の建築物は，第2種低層住専地域，田園住居地域でも建築できる。

⑩ **床面積3,000㎡を超える畜舎**は，第一種住居地域では建築することができない。

⑪ 建築物の敷地が2以上の用途地域にまたがる場合は，敷地の過半が属する地域の制限を受ける。 | 法91条

⑫ 各用途地域において，建築が禁止されている建築物であっても，特定行政庁の許可を受ければ建築することができる。 | 法48条⑬

⑬ **田園住居地域内**では，第1種低層住専地域に建築することができる建築物のほか，農産物の生産，集荷等に供するもの，地域で生産された農産物の販売を主目的とする店舗等でその用途に供する部分の床面積が500㎡以内のものを建築することができる。 | 別表第2

建築基準法

容　積　率

□□□★★★★

1　容積率制限の内容

□□□

① 容積率の計算式

$$容積率 = \frac{建築物の延べ面積}{敷地面積}$$

法52条①

② 容積率一覧表

用途地域等	容　積　率	前面道路の幅員が12メートル未満の場合
第1種・第2種低層住専，田園住居	$\frac{5}{10} \sim \frac{20}{10}$ のうち都市計画で定められたもの	1．第1種・第2種低層住専，田園住居地域内…前面道路の幅員×$\frac{4}{10}$以下 2．第1種・第2種中高層住専，第1種・第2種住居，準住居地域内…前面道路の幅員×$\frac{4}{10}$以下（特定行政庁が指定する区域内は$\frac{6}{10}$以下） 3．その他の地域内…前面道路の幅員×$\frac{6}{10}$以下（特定行政庁が指定する区域内は$\frac{4}{10}$または$\frac{8}{10}$以下）
第1種・第2種中高層住専，第1種・第2種住居，準住居，近隣商業，準工業	$\frac{10}{10} \sim \frac{50}{10}$ のうち都市計画で定められたもの	
商業	$\frac{20}{10} \sim \frac{130}{10}$ のうち都市計画で定められたもの	
工業，工業専用	$\frac{10}{10} \sim \frac{40}{10}$ のうち都市計画で定められたもの	
用途地域の指定のない区域	$\frac{5}{10} \sim \frac{40}{10}$ のうち，特定行政庁が都道府県都市計画審議会の議を経て定めるもの	
高層住居誘導地区特定用途誘導地区	一定の範囲内で，当該地区に関する都市計画において定められたもの	

③ 算定の基礎となる延べ面積には，老人ホームの共用の廊下，階段，機械室等の床面積は算入しない。　法52条⑥

④ 建築物の敷地が容積率の異なる2以上の地域にわたる場合には，それぞれの容積率に面積比率を乗じたものを合計した数値が，その敷地の容積率となる。　法52条⑦

建蔽率

□□□ ★★★★

1 建蔽率制限の内容

□□□

① 建蔽率の計算式

$$建蔽率 = \frac{建築物の建築面積}{敷地面積}$$

法53条①

② 建蔽率一覧表

地域・区域	原　　則	特定行政庁が指定した角地	防火地域内の耐火建築物	左記のいずれにも該当する建築物
第1種・第2種低層住専，第1種・第2種中高層住専,田園住居,工業専用	$\frac{3}{10} \cdot \frac{4}{10} \cdot \frac{5}{10} \cdot \frac{6}{10}$のうち，都市計画で定める割合(A)	$(A) + \frac{1}{10}$	$(A) + \frac{1}{10}$	$(A) + \frac{2}{10}$
第1種・第2種住居，準住居，準工業	$\frac{5}{10} \cdot \frac{6}{10} \cdot \frac{8}{10}$のうち,都市計画で定める割合(B)	$(B) + \frac{1}{10}$	$(B) + \frac{1}{10}$	$(B) + \frac{2}{10}$
			$\frac{8}{10}$とされている地域内は無制限	
近隣商業	$\frac{6}{10}$または$\frac{8}{10}$のうち,都市計画で定める割合(C)	$(C) + \frac{1}{10}$	$(C) + \frac{1}{10}$	$(C) + \frac{2}{10}$
			$\frac{8}{10}$とされている地域内は無制限	
商業	$\frac{8}{10}$ (D)	$(D) + \frac{1}{10}$	無制限	
工業	$\frac{5}{10}$または$\frac{6}{10}$のうち,都市計画で定める割合(E)	$(E) + \frac{1}{10}$	$(E) + \frac{1}{10}$	$(E) + \frac{2}{10}$
用途地域の指定のない区域	$\frac{3}{10} \cdot \frac{4}{10} \cdot \frac{5}{10} \cdot \frac{6}{10} \cdot \frac{7}{10}$のうち，特定行政庁が定めるもの(F)	$(F) + \frac{1}{10}$	$(F) + \frac{1}{10}$	$(F) + \frac{2}{10}$

③　建蔽率の上限は別表のとおりで，複数の数値については地域・区域ごとに特定の値が指定される。

④　建築物の敷地が異なる地域にわたる場合には，それぞれの地域の建蔽率に面積比率を乗じたものを合計した数値が，その敷地の建蔽率となる。　法53条②

⑤　建蔽率の限度が$\frac{8}{10}$とされている地域外でかつ防火地域内にある耐火建築物もしくは準防火地域内にある耐火建築物・準耐火建築物等，または特定行政庁が指定した街区の角地にある敷地内にある建築物については，法定または指定建蔽率に$\frac{1}{10}$を加えることができる。　法53条③

⑥　⑤のいずれにも該当すると，法定または指定建蔽率に$\frac{2}{10}$を加えることができる。

⑦　**建蔽率制限の適用されない建築物**　法53条⑥
- 建蔽率の限度が$\frac{8}{10}$とされている防火地域内にある耐火建築物
- 巡査派出所，公衆便所，公共用歩廊等
- 公園，広場，道路，川その他これらに類するものの内にある建築物で，特定行政庁が安全上，防火上および衛生上支障がないと認めて許可したもの

⑧　建築物の敷地が準防火地域と防火地域および準防火地域以外の区域とにわたる場合において，その敷地内の建築物の全部が耐火建築物等または準耐火建築物等であるときは，その敷地は，すべて準防火地域内にあるものとみなされる。　法53条⑧

建築物の高さの制限等 □□□★★★

1 建築物の高さの制限 □□□

① **絶対高制限**……**第1種・第2種低層住居専用地域** 法55条
または**田園住居地域**内では，建築物の高さは**10m**ま
たは**12m**のうち都市計画で定められた高さの限度を
超えてはならない。

高さの制限 / 用途地域等	絶対高制限	道路斜線制限	隣地斜線制限	北側斜線制限
第1種・第2種低層住専，田園住居	10m または 12m	A ×1.25		C ×1.25 + 5 m
第1種・第2種中高層住専		A ×1.25（特定行政庁が指定する区域内ではA ×1.5）	B ×1.25 + 20m（注1）	C ×1.25 + 10m
第1種・第2種住居，準住居				
近隣商業，商業，準工業，工業，工業専用，高層住居誘導地区		A ×1.5	B ×2.5 + 31m	
用途地域の指定のない区域		A ×1.25または1.5	（注2）	

A……前面道路の反対側の境界線からの水平距離
B……当該部分から隣地境界線までの水平距離
C……当該部分から前面道路の反対側の境界線または隣地境界線までの真北
  方向の水平距離
（注1） 容積率の限度が$\frac{30}{10}$以下とされている第1種・第2種中高層住居専用
  地域以外の地域のうち，特定行政庁が指定する区域内ではB×2.5＋
  31m
（注2） B ×1.25＋20m または B×2.5＋31m

② **道路斜線制限**……用途地域内，用途地域の指定の　　法56条①1号
ない都市計画区域内および準都市計画区域内におい
ては，建築物の各部分の高さは，前面道路の反対側
の境界線までの水平距離に応じて一定の制限を受け
る。

　ただし，次のいずれかに該当する建築物で特定行
政庁が許可した場合には適用されない。
- 周囲に広場，公園その他の空地を有する建築物
- 学校その他の建築物

③ **隣地斜線制限**……建築物の各部分の高さは，隣地　　法56条①2号
境界線（前面道路に面しない隣りの敷地との境界線）
までの水平距離に応じて一定の制限を受ける（第1
種・第2種低層住居専用地域および田園住居地域内
は絶対高制限があるため適用されない）。

④ **北側斜線制限**……北側隣地の日照環境を確保する　　法56条①3号
ための規定であり，**第1種・第2種低層住居専用地
域，田園住居地域**または**第1種・第2種中高層住居
専用地域**内では，建築物の各部分の高さは，別表の
ように北側境界線からの斜線制限を受ける。

2 日影による中高層建築物の高さの制限　　□□□

① 日影規制の対象区域は，住居系の用途地域，近隣　　法56条の2
商業地域，準工業地域，用途地域の指定のない区域
内で，地方公共団体が条例で指定する区域である。

② **規制の対象となる建築物**

　a　第1種・第2種低層住居専用地域，田園住居地
　　域……**軒高7m**を超える建築物または地階を除く
　　階数3以上の建築物

　b　その他の住居系の地域と近隣商業地域，準工業
　　地域……**高さ10m**を超える建築物

　c　用途地域の指定のない区域……aまたはbのう
　　ち，地方公共団体が条例で指定する建築物

③ 対象区域外にある高さ10mを超える建築物で，冬至日において対象区域に日影を生じさせるものは，日影規制が適用される。

3 その他の制限

① **建築物の敷地面積**　　　　　　　　　　　　　　法53条の2
- ●建築物の敷地面積は，用途地域に関する都市計画において敷地面積の最低限度が定められたときは，その限度以上でなければならない。ただし，次のいずれかに該当する建築物の敷地は除外される。
  - (1)　建蔽率の限度が$\frac{8}{10}$とされている地域で，かつ，防火地域内にある耐火建築物
  - (2)　公衆便所，巡査派出所など公益上必要な建築物
  - (3)　敷地の周囲に広い公園，広場などの空地を有する建築物で，特定行政庁が許可したもの

  上記の都市計画で敷地面積の最低限度を定める場合には，その最低限度は200㎡以下でなければならない。

② **外壁の後退距離の制限**……第1種・第2種低層住居専用地域，田園住居地域内では，日照，通風等を確保するため，建築物の外壁（または柱の面）から敷地境界線までの距離を都市計画で1.5mまたは1mと定めることができる。　　　　　　　　　　　法54条

③ **特別用途地区内の規制**……建築物の建築の制限・禁止に関して必要な規定は，地方公共団体の条例で定めるが，地方公共団体は，必要と認める場合においては，国土交通大臣の承認を得て，条例で，用途地域で定める建築物の用途制限を緩和することができる。　　　　　　　　　　法49条

④ **高度地区内の規制**……建築物の高さは，高度地区に関する都市計画において定められた内容に適合するものでなければならない。　　　　　　　　　法58条

建築基準法

防火地域内等における制限 □□□★★★

　都市計画区域については，市街地における火災の危険を防止するため，都市計画に，防火地域または準防火地域を定めることができる。

1　防火地域・準防火地域内の建築物 □□□

　防火地域または準防火地域内にある建築物は，その外壁の開口部で延焼のおそれのある部分に防火戸その他の**防火設備**を設け，かつ，壁，柱，床その他の建築物の部分および当該防火設備を通常の火災による周囲への延焼を防止するために，一定の技術的基準に適合するものとしなければならない。ただし，**門または塀**で，高さ**2メートル以下**のものまたは準防火地域内にある建築物（木造建築物等を除く）に附属するものについては，この限りでない。

法61条

2　屋　　根 □□□

　防火地域または準防火地域内の建築物の屋根の構造は，市街地における火災を想定した火の粉による建築物の火災の発生を防止するために屋根に必要とされる性能に関して，建築物の構造および用途の区分に応じて一定の技術的基準に適合するものとしなければならない。

法62条

3　隣地境界線に接する外壁 □□□

　防火地域または準防火地域内にある建築物で，外壁が**耐火構造**のものについては，その外壁を隣地境界線に接して設けることができる。

法63条

4　看板等の防火措置 □□□

　防火地域内にある看板，広告塔，装飾塔その他これらに類する工作物で，建築物の屋上に設けるものまたは高さ3メートルを超えるものは，その主要な部分を不燃材料で造り，または覆わなければならない。

法64条

5 建築物が防火地域・準防火地域の内外にわたる場合の措置

☐☐☐

① 建築物が防火地域または準防火地域とこれらの地域として指定されていない区域にわたる場合は，その全部について，それぞれ防火地域または準防火地域内の建築物に関する規定を適用する。

法65条

② 建築物が防火地域および準防火地域にわたる場合は，その全部について，防火地域内の建築物に関する規定を適用する。

6 居住環境向上用途誘導地区内の制限

☐☐☐

① 居住環境向上用途誘導地区内においては，公益上必要なもの等を除き，建築物の建蔽率は，居住環境向上用途誘導地区に関する都市計画において建築物の建蔽率の最高限度が定められたときは，当該最高限度以下でなければならない。

法60条の2の2

国土利用計画法

国土利用計画法のしくみ　□□□★★★★★

1 許可・届出が必要となる「土地売買等の契約」　□□□

要　件	該当する事例	該当しない事例
①土地に関する権利（所有権，地上権，賃借権）の移転，設定であること	売買契約，売買予約，譲渡担保，代物弁済，代物弁済予約，交換，形成権（予約完結権，買戻権等）の譲渡	（土地に関する権利でないもの）地役権，永小作権，使用貸借権，抵当権，質権
②土地に関する権利の移転，設定が，対価を得て行われること		（対価のないもの）贈与，相続，法人の合併，信託の引受けおよび終了（合意解除）
③契約（予約を含む）であること		（契約でないもの）形成権（予約完結権，買戻権等）の行使，時効，土地収用，遺贈・遺産の分割

2 国土利用計画法の許可・届出のしくみ　□□□

① 規制区域内 ⇨ 都道府県知事の事前許可 ┆ 法14条～

② 注視・監視区域内 ⇨ 都道府県知事への事前届出 ┆ 法27条の3～

　　　　　　　　　　（都道府県知事の事前確認） ┆ 規則21条

③ その他の区域内 ⇨ 都道府県知事への事後届出 ┆ 法23条

		事後届出（23条）	事前届出		事前許可（14条）
			注視区域（27条の3）	監視区域（27条の6）	
面積要件		市街化区域内　　2,000㎡以上 都市計画区域内　5,000㎡以上 都市計画区域外 10,000㎡以上		都道府県知事が規則で定める	面積要件なし
勧告	利用目的	○	○	○	○
	価　格	×	○	○	○
刑　罰		6月以内の懲役 100万円以下の罰金			3年以内の懲役，200万円以下の罰金

事後届出 　　　□□□ ★★★★★

1 権利移転等の事後届出 　　　□□□

① **規制区域等以外の区域**において，土地売買等の契約を締結した場合には，**権利取得者**（買主）は，契約締結後**2週間以内**に，土地所在の市町村長を経由して都道府県知事に届け出なければならない。　　法23条①

② **面積による届出の適用除外**
- ●市街化区域……**2,000㎡未満**
- ●市街化区域以外の都市計画区域……**5,000㎡未満**
- ●都市計画区域以外の区域……**10,000㎡未満**

③ 上記規模未満の土地でも，権利取得者が上記面積以上の一団の土地について取引した場合には，個々の取引後に届出を必要とする。

④ 民事調停法の調停に基づく場合，当事者の一方が国や地方公共団体のときには届出の必要はない。

2 土地の利用目的に関する勧告・助言 　　　□□□

① 都道府県知事は，届出にかかる**土地の利用目的**に従った土地利用が土地利用基本計画などに適合せず，周辺の地域の適正かつ合理的な土地利用を図るため著しい支障があると認めるときは，届出後**3週間以内**に，**土地利用審査会**の意見を聴いて，土地の利用について必要な変更をすべきことを**勧告**し，その旨および勧告の内容を**公表**することができる。　　法24条①②

② 都道府県知事は，勧告に基づき当該土地の利用目的が変更された場合に，必要があると認めるときは，当該土地に関する権利の処分についてのあっせんその他の措置を講じるよう努めなければならない。　　法27条

③ 届出を要するにもかかわらず届出をしなかった場合には，6か月以下の懲役または100万円以下の罰金に処せられる。　　法47条

国土利用計画法

事前届出　　　□□□■★

1 注視区域と監視区域　　　□□□

① **注視区域**……規制区域・監視区域以外の区域で，地価が相当な程度を超えて上昇し，または上昇するおそれがある区域について都道府県知事が指定

② **監視区域**……地価が急激に上昇し，または上昇するおそれがある区域について都道府県知事が指定

③ いずれの区域も，あらかじめ土地利用審査会**および関係市町村長**の意見を聴き，**5年以内**の期間を定めて指定する。

法27条の3

法27条の6

2 権利移転等の事前届出　　　□□□

① **注視区域・監視区域に所在する土地**について，土地売買等の契約を締結しようとする場合には，**当事者**（売主・買主）は，**あらかじめ**，土地所在の市町村長を経由して都道府県知事に届け出なければならない。

② 予定対価の額を**増額**変更する場合，**土地の利用目的**を変更する場合も届出が必要となる。

③ **届出の適用除外**
- 注視区域の面積要件は前頁と同じ。ただし事後届出とは異なり，当事者の一方が当該要件に該当するときには届出が必要（たとえば，市街化区域内において3,000㎡の土地を1,000㎡ずつに分割して売った場合，それぞれの取引について契約前に届出が必要となる）
- 監視区域については，都道府県知事が都道府県の規則で定めた面積未満

④ 届出をした者は，届出後**6週間**は契約を締結することができない。ただし，勧告または不勧告の通知を受けた場合は契約を締結してもよい。

法27条の4

法27条の7

宅地造成・特定盛土等の規制　□□□★★★★★

1 用語の定義　□□□

① **宅地造成**……宅地以外の土地を宅地にするために 行う盛土その他の土地の形質の変更（宅地を宅地以 外の土地にするものを除く）　｜法2条

　特定盛土等……宅地または農地等において行う盛 土その他の土地の形質の変更で，当該宅地または農 地等に隣接し，または近接する宅地において災害を 発生させるおそれが大きいもの

- 高さ1mを超える崖を生ずる**盛土**　｜令3条
- 高さ2mを超える崖を生ずる**切土**
- 切土と盛土を同時にする場合に，高さ2mを超 える崖を生ずることとなるもの
- 上記に該当しない盛土で高さ2mを超えるもの
- 上記以外の盛土または切土で500㎡を超えるもの

② **土石の堆積**……宅地または農地等において行う土 石の堆積で次に掲げるもの（一定期間の経過後に当 該土石を除却するものに限る）

- 高さ2mを超える土石の堆積　｜令4条
- 上記以外で500㎡を超えるもの

2 宅地造成等工事規制区域内における規制　□□□

① **都道府県知事**は，宅地造成，特定盛土等または土 石の堆積（宅地造成等）に伴い災害が生ずるおそれ が大きい市街地もしくは市街地となろうとする土地 の区域等であって，宅地造成等に関する工事につい て規制を行う必要があるものを，**宅地造成等工事規 制区域**として指定することができる。　｜法10条

② 宅地造成等工事規制区域内において行われる宅地 造成等に関する工事については，工事主は，原則と して，当該工事に着手する前に，**都道府県知事の許**　｜法12条①

可を受けなければならない。

③　宅地造成等工事規制区域の指定の際，当該宅地造成等工事規制区域内において行われている宅地造成等工事の工事主は，その指定があった日から**21日以内**に，**都道府県知事に届け出**なければならない。 ┊ 法21条①

④　宅地造成等工事規制区域内の土地の所有者，管理者または占有者は，宅地造成等（宅地造成等工事規制区域の指定前に行われたものを含む）に伴う災害が生じないよう，その土地を常時安全な状態に維持するように努めなければならない。 ┊ 法22条

3　特定盛土等規制区域内における規制　　　□□□

①　**都道府県知事**は，**宅地造成等工事規制区域以外の土地**の区域で，自然的条件および周辺地域における土地利用の状況等からみて，当該区域内の土地で特定盛土等・土石の堆積が行われた場合には，これに伴う災害により居住者等の生命・身体に危害を生ずるおそれが特に大きいと認められる区域を**特定盛土等規制区域**として指定することができる。 ┊ 法26条

②　特定盛土等規制区域内において行われる特定盛土等・土石の堆積に関する工事については，災害の発生のおそれがないと認められるものを除いて，工事主は，**工事に着手する日の30日前までに，工事の計画を都道府県知事に届け出**なければならない。 ┊ 法27条①

③　都道府県知事は，工事の届出があった場合において，災害の防止のため必要があると認めるときは，届出を受理した日から**30日以内**に限り，届出をした者に対し，工事の計画の変更その他必要な措置をとるべきことを**勧告**することができる。 ┊ 法27条③

④　特定盛土等規制区域の指定の際，規制区域内において行われている工事の工事主は，その指定があった日から**21日以内**に，当該工事について**都道府県知事に届け出**なければならない。 ┊ 法40条①

⑤　特定盛土等規制区域内において行われる特定盛土　法30条①
等・土石の堆積（大規模な崖崩れまたは土砂の流出
を生じさせるおそれが大きいものとして次に掲げる
規模のものに限る）に関する工事については，工事
主は，工事に着手する前に**都道府県知事の許可を受**
けなければならない。

特定盛土等の場合

- 高さ2mを超える崖を生ずる**盛土**　令28条
- 高さ5mを超える崖を生ずる**切土**
- **盛土**と**切土**とを同時にする場合に，高さ5m
を超える崖を生ずるもの
- 上記に該当しない**盛土**で高さ5mを超えるもの
- 上記以外の盛土または切土で**3,000㎡**を超える
もの

土石の堆積の場合　令25条②

- 高さ5mを超え，かつ1,500㎡を超えるもの
- 上記以外で3,000㎡を超えるもの

4 造成宅地防災区域内における規制　□□□

①　都道府県知事は，**関係市町村長の意見**を聴いて，　法45条①
相当数の居住者等に危害を生ずる宅地造成に伴う災
害の発生のおそれが大きい一団の造成宅地の区域を，
造成宅地防災区域として指定することができる。

②　造成宅地防災区域内の造成宅地の所有者・管理者・　法46条
占有者は，上記の災害が生じないよう，その造成宅
地について擁壁等の設置その他必要な措置を講ずる
よう努めなければならない。

③　都道府県知事は，造成宅地または擁壁等の所有　法47条
者・管理者・占有者等に対して改善命令をすること
ができる。

土地区画整理法

土地区画整理事業　　　　□□□★★★★★

1　土地区画整理事業の概要　　　□□□

① 土地区画整理事業は，**都市計画区域内**の土地につ　法2条①
いて，公共施設の整備・改善および宅地の利用の増
進を図るために行われる。

② **土地区画整理事業の施行者**　　　　　　　　　法3条～
- 個人（1人施行，共同施行）● 土地区画整理組合
- 区画整理会社　　　　　　● 都道府県，市町村
- 国土交通大臣　　　　　　● 都市再生機構
- 地方住宅供給公社

③ 土地区画整理組合を設立しようとする者は，7人　法14条
以上共同して定款および事業計画を定め，都道府県
知事の認可を受けなければならない。

④ 組合が施行する土地区画整理事業にかかる施行地　法25条
区内の宅地について所有権・借地権を有する者は，
すべて組合員となる。

⑤ 施行地区内の宅地について組合員の有する所有権　法26条
または借地権を承継した者がある場合には，その組
合員がその所有権または借地権について組合に対し
て有する権利義務は，承継者に移転する。

⑥ 組合の総会の会議は，定款に特別な定めがある場　法34条
合を除くほか，組合員の半数以上が出席しなければ
開くことができない。

2　建築行為等の制限　　　□□□

土地区画整理事業を施行する土地の区域内において，
事業の施行の障害となるおそれのある次の行為をしよ
うとする者は，許可を受けなければならない。

① 許可権者　　　　　　　　　　　　　　　　　法76条①
- 国土交通大臣が施行する事業 ⇨ 国土交通大臣
- その他の者が施行する事業　⇨ 都道府県知事

（市の区域内で個人施行者・組合・区画整理会社が

　　施行し，または市が施行する事業は，当該市長）

②　許可が必要な行為

　　● 土地の形質の変更

　　● 建築物その他の工作物の新築・改築・増築

　　● 重量が5トンを超える物件の設置，堆積

③　土地区画整理事業の施行者は，仮換地を指定した　　法77条

　場合において，従前の宅地に存する建築物を移転し，

　または除却することが必要となったときは，これら

　の建築物を移転し，除却することができる。

■3 土地区画整理事業の流れ □□□

①　**権利の申告**……施行地区内の土地の権利関係を確　　法85条①

　認するために，所有権以外の権利で未登記のものを

　施行者に申告する。

②　**換地計画**……施行者は，施行地区内の宅地につい　　法86条①

　て，換地処分を行うため換地計画を定めなければな

　らない。この場合において，施行者が個人，組合，

　市町村などであるときは，その換地計画について**都

　道府県知事の認可**を受けなければならない。

　　換地を定める場合には，原則として換地と従前の　　法89条

　宅地の位置，地積，土質，水利，利用状況，環境等

土地区画整理事業の主な流れ

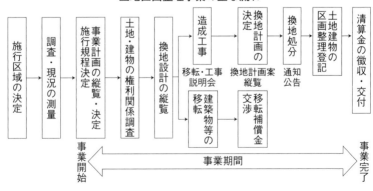

142

が照応するように定めなければならない。

公共施設の用に供している宅地に対しては，換地 ┊ 法95条
計画において，その位置，地積等に特別の考慮を払
い，換地を定めることができる。

③　**保留地**……換地として定めない土地 ┊ 法96条

●個人施行者・土地区画整理組合・区画整理会社
　　⇨ 事業の施行費用にあてるため，または規準，
　規約，定款で定める目的のため

●その他の施行者 ⇨ 施行後の宅地の価額が施行前
　の宅地の価額を超える場合に，事業の施行費用に
　あてるため（**土地区画整理審議会の同意**が必要）

④　**仮換地の指定**……施行者は，換地処分を行う前に， ┊ 法98条
仮換地を指定することができる。仮換地の指定は，
仮換地となるべき土地の所有者および従前の宅地の
所有者に対し，仮換地の位置，地積，仮換地の指定
の効力発生の日を通知して行われる。

仮換地が指定されると，従前の宅地の所有者は， ┊ 法99条①
仮換地の指定の効力発生の日から換地処分の公告の
日まで，**仮換地**につき従前の宅地と同じ内容の**使
用・収益**をすることができる。

一方，従前の宅地については，使用・収益をするこ
とができなくなる（所有権は従前の宅地の上にある）。

仮換地を指定しようとする場合においては，あら ┊ 法98条③
かじめ，その指定について，個人施行者は，従前の
宅地の所有者および仮換地となるべき宅地の所有者
等の同意を得なければならない。

⑤　施行者は，仮換地を指定した場合において，特別 ┊ 法99条②
の事情があるときは，その仮換地について使用また
は収益を開始することができる日を仮換地の指定の
効力発生日と別に定めることができる。

⑥　仮換地の指定によって使用・収益することができ ┊ 法100条の2
る者のなくなった従前の宅地（仮換地に指定されな

い土地）は，そのなくなった時から換地処分の公告
がある日まで，施行者がこれを管理する。

⑦　**換地処分**……関係権利者に対して換地計画に定め　法103条
られた関係事項を**通知**することにより行われる。

⑧　換地計画で定められた換地は，換地処分の**公告**が　法104条①
あった日の**翌日**において，**従前の宅地**とみなされる。

⑨　施行地区内の宅地に存する地役権は，行使する利　法104条④⑤
益がなくなったものを除き，換地処分の公告があっ
た日の翌日以後もなお従前の宅地の上に存する。

⑩　**清算金**……換地計画で定められた清算金は，換地　法104条⑧
処分の**公告**があった日の**翌日**に**確定**する。

⑪　換地計画において参加組合員に対して与えるべき　104条⑩
ものとして定められた宅地は，換地処分の公告があ
った日の翌日において，当該宅地の所有者となるべ
きものとして換地計画において定められた参加組合
員が取得する。

⑫　**保留地**……換地計画で定められた保留地は，換地　法104条⑪
処分の**公告**があった日の**翌日**に**施行者**が取得する。

⑬　土地区画整理事業の施行により公共施設が設置さ　法106条
れた場合には，その公共施設は，換地処分の公告が
あった日の**翌日**において，その公共施設の所在する
市町村の管理に属するものとする。

4　土地区画整理に伴う登記等　　　　　　□□□

①　**施行者**は，換地処分の公告があった場合において　法107条
は，直ちにその旨を換地計画にかかる区域を管轄す
る登記所に通知しなければならない。

②　**施行者**は，事業の施行によって施行地区内の土
地・建物に変動があったときは，遅滞なく，変動に
かかる登記の申請または嘱託をしなければならない。

③　換地処分の公告の日以後，事業の施行による変動
の登記がなされるまでの間は，施行地区内の土地・
建物につき他の登記をすることができない。

農地法・その他の法令

農地の権利移動・転用の制限等 □□□★★★★★

1 用語の定義 □□□

① **農地**……耕作の目的に供される土地（一時的な不　｜　法2条
耕作地・遊休地も含まれる。地目とは関係なく，現
況によって客観的に判断される）。

② **採草放牧地**……農地以外の土地で，主として耕作
または養畜の事業のための採草または家畜の放牧の
目的に供されるもの。

2 農地・採草放牧地の権利移動の制限 □□□

① 農業委員会の**許可**が必要。　｜　法3条

② **許可申請が不要となる場合**
- 権利取得者が国または都道府県の場合
- 土地改良法等による権利移動の場合
- 土地収用法により収用または使用される場合
- 遺産の分割により権利が取得される場合　など

③ 許可を受けないで契約が締結された場合，その所
有権移転等の効力は生じない。

④ **相続**による権利移動は，法律の規定に基づき当然
に生ずる効果であるから許可を要しない。また，遺
産の全部または一定割合を与える**包括遺贈**の場合，
包括受遺者は，相続人と同様の関係にあることから
許可を要しないが，特定の財産的利益を与える**特定
遺贈**の場合，一般の権利移動と同様であるから許可
を要する。

⑤ 相続（遺産分割・包括遺贈）により農地を取得し　｜　3条の3
た場合は，遅滞なく，その旨を**農業委員会に届け出**
なければならない。

3 農地の転用の制限 □□□

① **都道府県知事**（農林水産大臣が指定する市町村の　｜　法4条
区域内は，指定市町村の長。以下「都道府県知事

等」）の許可

② **許可申請が不要となる場合**
- 国または都道府県等が，道路，農業用用排水施設その他の施設の用に供する場合
- 土地収用法により収用または使用した農地を，その収用または使用にかかる目的に供する場合（ただし，学校，社会福祉施設，病院，庁舎，宿舎については，都道府県知事等との協議が成立すれば，許可があったものとみなされる）
- 自己所有の農地（**2a未満**）を農業用施設に供する場合　など

③ **市街化区域内**の農地を転用する場合は，**農業委員会に届け出ればよい。**

4 **農地・採草放牧地の転用のための権利移動の制限**　□□□

① **都道府県知事等の許可**　　　　　　　　　　　　　　法5条

② **許可申請が不要となる場合**
- 国または都道府県等が，道路，農業用用排水施設その他の施設の用に供する場合
- 土地収用法により収用，使用される場合　など

③ **市街化区域内**の農地，採草放牧地を宅地等に転用する目的で権利を取得する場合には，**農業委員会に届け出ればよい。**

④ 許可を受けないで契約が締結された場合，その所有権移転等の効力は生じない。

5 **農地法のポイント**　□□□

① 法3条，5条で許可を要する権利は，所有権，地上権，永小作権，質権，使用貸借権，賃借権（50年まで）の6種類。抵当権の設定は許可不要。

② 農地・採草放牧地の耕作目的での権利移動は，市街化区域内でも法3条の許可が必要。

③ 都道府県知事は，法4条，5条等の許可を要する　　法51条①
農地取得について，その許可を受けずに農地の転用

146

を行った者に対して，必要な限度において**工事の停止，原状回復**等を命ずることができる。

④　農地の賃貸借は，その登記がなくても，引渡しがあったときは，これをもってその後その農地について物権を取得した第三者に対抗することができる。　法16条①

⑤　農地または採草放牧地の賃貸借の当事者は，都道府県知事の許可を受けなければ，賃貸借の解除，解約の申入れ等をしてはならず，許可を受けないでした行為は，その効力を生じない。　法18条①

6 その他の法令に基づく制限　□□□

法　　律	区　域　等	許可権者・届出先
重要土地等調査法	特別注視区域（200㎡以上）	内閣総理大臣への届出
海　岸　法	海岸保全区域	海岸管理者の許可
都　市　緑　地　法	緑地保全地域	知事への届出
	特別緑地保全地区	知事の許可
河　川　法	河川区域，河川保全区域	河川管理者の許可
地すべり等防止法	地すべり防止区域 ぼた山崩壊防止区域	知事の許可
道　路　法	道路予定区域	道路管理者の許可
	道路の占用	道路管理者の許可
景　観　法	景観計画区域	景観行政団体の長
津波防災地域づくりに関する法律	津波防護施設区域	津波防護施設管理者の許可
土　壌　汚　染　対　策　法	形質変更時要届出区域	知事への届出
密集市街地における防災街区の整備促進法	防災街区整備事業の施行地区	知事の許可

譲渡所得税　　　□□□★★

1 譲渡所得の計算方法（総合課税）　　□□□

譲渡所得の額＝譲渡価額－（取得費＋譲渡費用）
　　　　　　　　－特別控除額（最高50万円）

所得税法33条

2 長期譲渡所得の課税の特例　　□□□

① 　個人が，その有する土地・建物等で，譲渡の年の**1月1日現在**で**5年を超える**ものの譲渡（長期譲渡所得）⇨ **一律15%**の税率で課税

措置法31条①

② 　個人が昭和27年12月31日以前から所有していた土地建物等の**取得費**については，譲渡**収入金額**の**5%**相当する金額とすることができる。

措置法31条の4

3 優良住宅地の造成等のために譲渡した場合の長期譲渡所得の課税の特例　　□□□

① 　個人が，令和7年12月31日までの間に，優良住宅地の造成等のために所有期間が5年超の土地等（土地または土地の上にある権利）を譲渡した場合には，次のような軽減税率が適用される。
- ●課税長期譲渡所得金額が2,000万円以下 ⇨ 10%
- ●課税長期譲渡所得金額が2,000万円超 ⇨ 15%

措置法31条の2

4 居住用財産を譲渡した場合の軽減税率の特例　　□□□

① 　個人が，その年の1月1日において所有期間が**10年超**の居住用財産を譲渡した場合には，3,000万円の特別控除後の譲渡益に対し，次のような軽減税率が適用される。
- ●特別控除後の課税長期譲渡所得金額が
6,000万円以下 ⇨ 10%
6,000万円超 ⇨ 15%

措置法31条の3

5 収用交換等の場合の譲渡所得の課税の特例　　□□□

① 　収用交換等の場合の特別控除 ⇨ **5,000万円**

措置法33条の4

② 　譲渡資産が居住用の場合には，3,000万円特別控

除は適用されず，5,000万円控除のみの適用となる。

③ その年の1月1日において所有期間が5年超の土地等については，5,000万円控除後の譲渡益に対して，優良住宅地の造成等のために譲渡した場合の課税の特例（軽減税率）が適用される。

6 居住用財産の譲渡所得の特別控除 □□□

措置法35条

① 個人が，自己の居住用財産を譲渡した場合には，その長期または短期の譲渡所得金額から**3,000万円**を控除することができる。

② 特例が不適用となる場合

● 譲渡者の配偶者や直系血族，生計を一にしている者等に譲渡した場合

● 収用等に伴い代替資産を取得した場合の課税の特例，収用等の場合の譲渡所得の特別控除等の適用を受けている場合

● **前年**または**前々年**に，この控除または居住用財産の買換え，交換の場合の譲渡所得の課税の特例の適用を受けている場合

7 特定の居住用財産の買換えの特例 □□□

措置法36条の2

① 令和7年12月31日までの間に，所有期間**10年超**の居住用財産を譲渡して別の居住用財産を取得した場合において，次の要件のいずれにも該当するときは，買換特例の適用を受けることができる。

● その年の1月1日において譲渡者の居住期間が**10年超**のもの

● 譲渡対価の額が**1億円以下**であること（平成26年1月1日以後の譲渡の場合）

● 買換資産は，建物については居住部分の床面積50㎡以上，土地については面積500㎡以下のもの

● 買換資産は譲渡した年の前後1年以内（3年間）に取得し，翌年の12月31日までに居住の用に供ること

3

税

住宅借入金等特別控除　　　　□□□★

1 特別控除の概要　　　　　　　　　　　□□□

　個人が居住用家屋を新築・取得し，または既存住宅
を取得して入居（新築等から6か月以内の入居に限
る）し，借入金等がある場合，合計所得金額が**2,000
万円以下**である年について，その年分の所得税額から
特別控除が適用される。

措置法41条

① 一般住宅（認定住宅等以外）の場合

居住年	控除期間	借入限度額	控除率	最大控除額
令和4年・5年	最長13年	3,000万円	0.7%	273万円
令和6年・7年	最長10年	2,000万円		140万円

② 認定住宅等の場合

　認定住宅（認定長期優良住宅・認定低炭素住宅），
　ZEH（ゼロ・エネルギー・ハウス）水準省エネ住
　宅，省エネ基準適合住宅については，次のとおり。

	居住年	控除期間	借入限度額	控除率	最大控除額
認定住宅	令和4年・5年	最長13年	5,000万円	0.7%	455万円
	令和6年・7年		4,500万円		409.5万円
ZEH水準省エネ住宅	令和4年・5年		4,500万円		409.5万円
	令和6年・7年		3,500万円		318.5万円
省エネ基準適合住宅	令和4年・5年		4,000万円		364万円
	令和6年・7年		3,000万円		273万円

③ 中古住宅の場合

	居住年	控除期間	借入限度額	控除率	最大控除額
認定住宅	令和4年	最長10年	3,000万円	0.7%	210万円
認定住宅以外	令和5年		2,000万円		140万円

2 特別控除の適用に関する事項　□□□

① 配偶者その他本人と特別の関係がある居住者の**親族**等からの取得，**贈与**は除かれる。

② 控除の対象となる借入金等は，**償還期間10年以上の割賦償還**により返済するものをいう。

③ 居住用家屋の**増・改築**等の工事（その費用が**100万円超**の場合）で，借入金等がある場合にも，特別控除の適用が受けられる。

3 適用の対象となる住宅　□□□

① 床面積**50㎡以上**の新築住宅・中古住宅（合計所得金額が1,000万円以下の者については，40㎡以上50㎡未満の住宅も対象になる）

② 中古住宅の場合，昭和57年以降に建築されたもの（新耐震基準適合住宅）

4 控除の手続　□□□

控除の適用を受けるためには，住宅を購入した翌年に確定申告をする必要がある。なお，給与所得者の場合，2年目以降は年末調整により控除が受けられるので，確定申告は不要となる。

5 個人住民税の特別控除　□□□

令和4年以後に住宅借入金等特別控除の適用を受けた場合，最大限度額を控除してもなお控除しきれない残額のある場合には，翌年分の個人住民税から控除することができる。控除額は，当該年分の所得税の課税総所得金額等の5％（上限97,500円。令和4年から令和7年までに入居した場合）が限度とされる。

地方税法附則5条の4の2

登録免許税　　□□□★★★

1 登録免許税の概要　　□□□

① **納税義務者** ⇨ 登記等を受ける者。納税義務者が
2人以上のときは，連帯して納付する義務を負う。 ……法3条

② **課税標準** ⇨ 不動産の価額（固定資産税課税台帳 ……法附則7条
の登録価格を基礎として定める価額。土地の場合は
更地価額）。

③ 登録免許税の納付方法は原則として現金納付であ
るが，登記所の近くに国税収納機関がない場合には
印紙納付も認められる。

2 住宅用家屋の所有権の移転登記にかかる税率の　　□□□
軽減措置

① 住宅用家屋の所有権移転登記の税率の軽減……個 ……措置法73条
人が令和9年3月31日までに住宅用家屋で一定の要
件に該当するものを購入し，居住の用に供した場合
には，登録免許税が**1,000分の3**（本則1,000分の20）
に軽減される。

② 登記の申請の際，家屋の所在地の市区町村長の証
明書を添付する必要がある。

③ 適用要件
- 自己居住用の住宅
- 取得後1年以内に登記されたもの
- 床面積が50㎡以上
- 中古住宅の場合，昭和57年以降に建築されたもの
（新耐震基準適合住宅）
- 取得原因が売買または競落である場合

国　　税

印 紙 税　　　　　□□□★★★

1 印紙税の課税文書　　　　　□□□

文 書 の 種 類	印 紙 税 額（1通につき）
① 不動産売買契約書，不動産交換契約書，不動産売渡証書など ② 土地賃貸借契約書，賃料変更契約書など ③ 金銭借用証書，金銭消費貸借契約書など	1万円未満　　　　　　　　　　非課税 1万円以上10万円以下　　　　　200円 ： 1千万円超5千万円以下　　　　　2万円 5千万円超1億円以下　　　　　　6万円 契約金額の記載のないもの　　　200円

＊印紙税法の特例（租特法91条）

① 不動産の譲渡に関する契約書	1千万円超5千万円以下　　　　　1万円 5千万円超1億円以下　　　　　　3万円 （以下略）

2 印紙税のポイント　　　　　□□□

① 土地の賃貸借契約書は課税されるが，建物の賃貸借契約書は非課税である。

② **2人以上**の者が共同して作成した課税文書については，**連帯して**印紙税を納める義務がある。　　　法3条②

　契約当事者のみならず，不動産売買契約における仲介人等当該契約の参加者に対して交付する文書も課税文書に該当する。また，一時的に作成する仮文書であっても，当該文書が課税事項を証する目的で作成するものであるときは，課税文書に該当する。　　　基本通達20条・58条

③ 国または地方公共団体が作成した文書には，印紙税は課税されない。　　　法5条

④ 印紙税を納付すべき課税文書の作成者が，納付すべき印紙税を当該課税文書の作成の時までに納付し　　　法20条①

なかった場合には，納付しなかった印紙税の額とその2倍に相当する金額との合計額に相当する**過怠税**を徴収される。

⑤ 印紙を消す場合には，契約当事者またはその代理人その他の従業者の印章または署名で消さなければならない。 　令5条

⑥ 変更前の契約金額を減少させる旨の記載のある変更契約書は，金額の記載のないものとみなされて200円の印紙税が課される（増額の場合は，増加した金額が契約金額となる）。

⑦ 国と民間企業が共同で作成した文書については，国が保存するものは民間業者が作成したものとみなして課税され，民間業者が保存するものは国が作成したものとみなして非課税となる。 　法4条⑤ 　法5条2号

⑧ 一つの文書が第一号文書（不動産売買契約書等）と第二号文書（建物工事請負契約書等）の双方に該当する場合は，その契約書は全体が第一号文書とみなされ，総額が記載金額となるが，契約金額を第一号文書と第二号文書に区分でき，第二号文書の金額に第一号文書の金額が満たないときは，第二号文書の金額のみを記載金額とする。 　法別表第一通則3ロ

⑨ 取引にあたって課されるべき消費税額等が明らかである場合には，消費税額等は，印紙税法上の記載金額に含めない。

国　　税

相続税・贈与税　　　□□□ ★★★

1 贈与税の概要　　　□□□

① 納税義務者……贈与により財産を取得した**個人**。

② 非課税財産……**法人**から贈与を受けた財産など。

③ 基礎控除……**110万円**。

④ 配偶者控除……婚姻期間が20年以上である配偶者から居住用不動産の贈与を受け，または金銭の贈与を受け，その金銭で居住用不動産を取得し，居住の用に供した場合，その年分の贈与税について最高**2,000万円**が控除される。

⑤ 納　付……贈与を受けた年の翌年2月1日から3月15日までに申告，納付する。

2 相続時精算課税制度　　　□□□

① 適用対象者……贈与者はその年の1月1日時点で**60歳以上の親**，受贈者は贈与者の推定相続人である**18歳以上の子または孫**　　　`法21条の9`

② 適用対象財産等……贈与財産の種類，金額，贈与回数には制限なし。

③ 贈与税額の計算……最終的に相続時に相続税で精算されることを前提にした各年での概算払い。

④ この制度にかかる贈与財産について，他の贈与財産と区分して，その贈与者からの贈与財産の合計額から**2,500万円**（非課税枠）を控除した後の金額に，**一律20％**の税率で贈与税が課される（非課税枠は複数年にわたって利用可）。　　　`法21条の12`

3 直系尊属から住宅取得等資金の贈与を受けた場合の非課税　　　□□□

① 父母や祖父母などの直系尊属から住宅取得等資金の贈与を受けた受贈者が，贈与を受けた年の翌年3月15日までにその資金を自己の居住の用に供する家　　　`措置法70条の2`

屋の新築・取得・増改築等にあて，自己の居住の用
に供したときには，一定額が非課税となる。

② この制度の適用を受けることができるのは，住宅
取得等資金の贈与を受けた日の属する年の１月１日
において18歳以上であって，当該年分の合計所得金
額が2,000万円以下の者である。

③ 非課税限度額は，耐震・エコ・バリアフリー住宅
の場合は1,000万円，それ以外の住宅の場合は500万
円となる。

4 相続時精算課税選択の特例

□□□

① 令和７年12月31日までに，父母または祖父母から
住宅取得等資金の贈与を受けた受贈者は，贈与者が
その贈与の年の１月１日において60歳未満であって
も相続時精算課税を選択することができる。

措置法70条の３

156

地　方　税

不動産取得税　□□□★★★

1　不動産取得税の概要　□□□

課 税 客 体	不動産（土地・家屋）の取得
課 税 主 体	不動産の所在地の都道府県
納税義務者	不動産を取得した者
課 税 標 準	固定資産課税台帳登録価格
税　　　率	標準税率$\frac{4}{100}$　※令和9年3月31日までは$\frac{3}{100}$
徴 収 方 法	普通徴収
免 税 点	①土地の取得　　　　　　　1の土地につき10万円 ②家屋の新増改築　　　　　1戸につき23万円 ③家屋の取得のうち②以外　1戸につき12万円

① 　国，地方公共団体および地方独立行政法人等による不動産の取得，相続，法人の合併等による不動産の取得については非課税とされる。　　　　　法73条の7

② 　共有物の分割による不動産の取得については，当該不動産の取得者の分割前の当該共有物にかかる持分の割合を超えなければ不動産取得税が課されない。

③ 　家屋の新築の場合は，当該家屋について最初の使用または譲渡が行われた日に家屋の取得があったものとみなされる。　　　　　　　　　　法73条の2②

④ 　新築後6か月（令和8年3月31日までに業者等が分譲する建売住宅等については，1年）を経過しても最初の使用・譲渡がないときは，当該家屋の所有者が取得したものとみなされる。　　　　法附則10条の2

⑤ 　家屋の改築によりその価格が増加したときは，その改築をもって取得したものとみなされる。　　法73条の14①

2　課税標準の特例　□□□

① 　床面積50㎡（貸家は40㎡）以上240㎡以下の住宅を

建築（新築住宅の購入を含む）した場合には，1戸につき1,200万円を不動産価格から控除した残額を課税標準とする。

② 床面積50㎡以上240㎡以下の既存住宅で，昭和57年1月1日以降に建築されたもの，もしくは現行の耐震基準に適合しているものを購入した場合には，一定の額（新築時期によって異なる。平成9年4月1日以降の場合，1,200万円が限度）を不動産価格から控除した残額を課税標準とする。

法73条の14③

3 住宅用地の取得に対する不動産取得税の減額 □□□

① 一定の新築住宅用地や既存住宅用地を取得した場合には，その土地の不動産取得税額から，**150万円**か，**床面積の2倍の面積**（1戸当たり**200㎡**限度）の**土地の価格**のいずれか高い額に税率を乗じた額が減額される。

法73条の24①

4 住宅・土地の取得に対する不動産取得税の特例 □□□

① 令和9年3月31日までに住宅・土地の取得が行われた場合の不動産取得税の標準税率は**100分の3**とする。

法附則11条の2

② 宅地および宅地比準土地の取得に対して課せられる不動産取得税の課税標準は，その取得が令和9年3月31日までに行われた場合に限り，その土地の価格の**2分の1**の額とされる。

法附則11条の5

地 方 税

固定資産税　□□□★★★

1 固定資産税の概要　□□□

課 税 客 体	賦課期日（１月１日）現在における固定資産（土地・家屋および償却資産）の所有
課 税 主 体	固定資産の所在地の市町村（東京都特別区は都）
納税義務者	賦課期日における固定資産の所有者（所有者の所在が震災，風水害，火災等によって不明の場合は，その使用者を所有者とみなす）として，固定資産課税台帳に登録されている者
課 税 標 準	固定資産課税台帳登録価格
税 率	標準税率$\frac{1.4}{100}$
徴 収 方 法	普通徴収（納期は原則として４月，７月，12月，翌年２月の４回）
免 税 点	土　　地　　30万円(固定資産課税台帳登録価格) 家　　屋　　20万円(　　　　〃　　　　　) 償却資産　150万円(　　　　〃　　　　　)

2 住宅用地の課税標準の特例　□□□

① 200㎡超の住宅用地 ⇨ 住宅用地の価格の**3分の1**の額が課税標準に　｜法349条の3の2①

② 200㎡以下の小規模住宅用地 ⇨ 住宅用地の価格の**6分の1**の額が課税標準に　｜法349条の3の2②

3 固定資産課税台帳の閲覧・新築住宅に対する減額　□□□

① 固定資産税の納税義務者，土地・建物について賃借権を有する者等は，固定資産課税台帳のうちこれらの者にかかる固定資産の記載部分を閲覧できる。　｜法382条の2

② 令和8年3月31日までに新築された住宅（床面積50㎡以上280㎡以下）については，**3年度分**（地上3階以上の**中高層耐火建築物は5年度分**）に限り，固定資産税額の2分の1相当額が減額される。　｜法附則15条の6

3

税

地価公示の手続 □□□★★★★

1 総 則 □□□

① 地価公示法の目的は，都市およびその周辺の地域　法1条
等において，**標準地**を選定し，その周辺の土地の取
引価格に関する情報を**公示**することにより，適正な
地価の形成に寄与することを目的とする。

2 標準地の価格の判定等 □□□

① 土地鑑定委員会は，都市計画区域その他の土地取　法2条
引が相当程度見込まれる**公示区域内**の**標準地**につい
て，2人以上の不動産鑑定士の鑑定評価を求め，必
要な調整を行って，毎年1回，1月1日現在の標準
地の**正常な**価格を公示する。

② **公示区域**は，国土交通大臣が定める。　則1条

③ **正常な価格**とは，自由な取引が行われるとした場
合における取引において通常成立すると認められる
土地の価格（建物や地上権その他の権利がないもの
とした更地価格）をいう。

④ 地価公示の対象となる**標準地**は，自然的・社会的　法3条
条件からみて類似の利用価値を有すると認められる
地域において，土地の利用状況，環境等が通常と認
められる一団の土地について，土地鑑定委員会が選
定する。

⑤ 不動産鑑定士は，土地鑑定委員会の求めに応じて　法4条
標準地の鑑定評価を行うにあたっては，近傍類地の
取引価格から算定される推定の価格，近傍類地の地
代等から算定される推定の価格または同等の効用を
有する土地の造成に要する推定の費用の額を勘案し
てこれを行わなければならない。

⑥ 土地鑑定委員会は，標準地の単位面積当たりの正　法6条
常な価格を判定したときは，すみやかに，標準地の

所在地の住所，単位面積当たりの価格，地積・形状，標準地およびその周辺の土地の利用の現況等を官報で公示しなければならない。

3 公示価格の効力等 □□□

① 都市およびその周辺の地域等で土地取引を行う者は，取引の対象土地に類似する利用価値を有すると認められる標準地の**公示価格**を**指標**として取引を行うように努めなければならない。

法1条の2

（努力義務）

② 次の場合は，**公示価格**を**規準**としなければならない。

- 不動産鑑定士が行う鑑定評価
- 公共事業用地の取得価格の算定
- 収用土地の補償金の算定

法8条

法9条

法10条

③ 公示価格を規準とするとは，対象土地の価格を求めるに際して，当該対象土地とこれに類似する利用価値を有すると認められる一または二以上の標準地との位置，地積，環境等に作用する諸要因についての比較を行い，その結果に基づき，当該標準地の公示価格と当該対象土地の価格との間に均衡を保たせることをいう。

法11条

4

価格の評定

鑑定評価　　　　□□□★★★

1 不動産の価格形成要因　　　□□□

　不動産の鑑定評価に当たっては，不動産の効用・相対的稀少性，不動産に対する有効需要に影響を与える**価格形成要因**を明確に把握し，かつ，その推移・動向，諸要因間の相互関係を十分に分析する必要がある。

①　**一般的要因**……一般経済社会における不動産のあり方とその価格水準に影響を与える要因（自然的要因，社会的要因，経済的要因，行政的要因）。

②　**地域要因**……一般的要因の相関結合によって規模，構成の内容，機能等にわたる各地域の特性を形成し，その地域に属する不動産価格の形成に全般的に影響を与える要因。

③　**個別的要因**……不動産に個別性を生じさせ，その価格を個別的に形成する要因。

総論3章

2 不動産の価格に関する諸原則　　　□□□

①　**需要と供給の原則**……不動産の価格は，その需要と供給との相互関係によって定まる。

②　**変動の原則**……不動産の価格は，多数の価格形成要因の相互因果関係の組合せの流れである変動の過程において形成される。

③　**代替の原則**……不動産の価格は，代替可能な他の不動産又は財の価格と相互に関連して形成される。

④　**最有効使用の原則**……不動産の価格は，その不動産の効用が最高度に発揮される可能性に最も富む使用を前提として把握される価格を標準として形成される。

総論4章

3 鑑定評価によって求める価格の種類　　　□□□

　不動産の鑑定評価によって求める価格は，基本的には正常価格であるが，鑑定評価の依頼目的・条件に応

総論5章3節Ⅰ

じて限定価格，特定価格または特殊価格を求める。

① **正常価格**……市場性を有する不動産について，現実の社会経済情勢の下で合理的と考えられる条件を満たす市場で形成されるであろう市場価値を表示する適正な価格。

② **限定価格**……市場性を有する不動産について，不動産と取得する他の不動産との併合または不動産の一部を取得する際の分割等にもとづき，正常価格と同一の市場概念の下において形成されるであろう市場価値と乖離することにより，市場が相対的に限定される場合における取得部分の当該市場限定に基づく市場価値を表示する適正な価格。

③ **特定価格**……市場性を有する不動産について，法令等による社会的要請を背景とする評価目的の下で，正常価格の前提となる諸条件を満たさない場合における不動産の経済価値を適正に表示する価格。資産流動化に関する法律に基づく評価目的の下で，投資家に示すための投資採算価格を求める場合には，特定価格として求めなければならない。

④ **特殊価格**……文化財等の一般的に市場性を有しない不動産について，その利用現況等を前提とした不動産の経済価値を適正に表示する価格。

▌4 不動産の賃料の種類　　□□□

不動産の鑑定評価によって求める賃料は，一般的には正常賃料または継続賃料であるが，鑑定評価の依頼目的に応じて限定賃料を求めることができる場合があるので，これを適切に判断し明確にすべきである。

① **正常賃料**……正常価格と同一の市場概念のもとで，新たな賃貸借等の契約において成立するであろう経済価値を表示する適正な賃料。　　総論5章3節Ⅱ

② **限定賃料**……限定価格と同一の市場概念のもとで，新たな賃貸借等の契約において成立するであろう経

不動産の鑑定評価の方式

鑑定評価方式		適用方法	求められる価格および賃料
原 価 方 式〈不動産の再調達に要する原価に着目した方式〉	原 価 法	価格時点における対象不動産の再調達原価を求め，この再調達原価について減価修正を行う。	積算価格
	積 算 法	価格時点における基礎価格を求め，これに期待利回りを乗じて得た額に必要諸経費等を加算する。	積算賃料
比 較 方 式〈取引事例・賃貸借の事例に着目した方式〉	取引事例比 較 法	取引事例を収集し，その取引価格に事情補正，時点修正を施し，地域要因および個別的要因の比較を行う。	比準価格
	賃貸事例比 較 法〈新規賃料を求める場合〉	新規の賃貸借の事例を収集し，これらの実際実質賃料に事情補正，時点修正を施し，地域要因および個別的要因の比較を行う。	比準賃料
収 益 方 式〈不動産から生みだされる収益に着目した方式〉	収 益還 元 法	対象不動産が将来生み出すであろうと期待される純収益の現在価値の総和を求める。この場合，収益価格を求める方法には，直接還元法とディスカウント・キャッシュフロー（DCF）法がある。	収益価格
	収 益分 析 法	対象不動産が一定期間に生みだすであろう純収益を求め，これに必要諸経費等を加算する。	収益賃料

済価値を適正に表示する賃料。

③　**継続賃料**……不動産の賃貸借等の継続にかかる特定の当事者間において成立するであろう経済価値を適正に表示する賃料。

5 **地域分析**　□□□

①　**用途的地域**　総論 6 章 1 節

●**近隣地域**……対象不動産の属する用途的観点から区分される地域で，より大きな規模と内容を持つ地域内の人間の生活と活動とに関して，ある特定の用途に供されることを中心として，地域的にまとまりを示している地域。

●**類似地域**……近隣地域の地域の特性と類似する特性を有する地域。

②　**同一需給圏**……一般に対象不動産と代替関係が成立して，その価格の形成について相互に影響を及ぼすような関係にある他の不動産の存する圏域。

6 **個別分析**　□□□

①　個別分析とは，対象不動産の個別的要因（たとえ　総論 6 章 2 節
ば住宅地の場合は，間口，奥行，地積，形状等）が対象不動産の利用形態と価格形成についてどのような影響力をもっているかを分析してその最有効使用を判定することをいう。

7 **鑑定評価の手法**　□□□

①　**原価法**……対象不動産の再調達原価（対象不動産　総論 7 章 1 節
を価格時点において再調達することを想定した場合に必要とされる適正な原価）の把握および減価修正を適正に行うことができる場合に有効。

②　**取引事例比較法**……近隣地域または同一需給圏内の類似地域等において，対象不動産と類似の不動産の取引が行われている場合に有効。

●**事例の選択**……選択した事例は，物件的，時間的，場所的に対象不動産と類似性がなければならない。

- **事情補正**……取引事例の特殊な事情（売り急ぎ，買い急ぎ等）による要因を排除して，適正な取引価格に補正しなければならない。
- **時点補正**……価格時点の異なる取引事例の場合には，価格の変動率により取引価格を修正する。
- **地域要因の比較・個別的要因の比較**……取引事例の不動産が同一需給圏内の類似地域に存するものであるときは，近隣地域と類似地域との地域要因の比較，個別的要因の比較を行う。

③ **収益還元法**……賃貸用不動産，一般企業用の不動産の価格を求める場合に有効。

- **収益価格を求める方法**……一期間の純収益を還元利回りによって還元する「直接還元法」と，連続する複数の期間に発生する純収益および復帰価格を，その発生時期に応じて現在価値に割り引き，それぞれを合計する「DCF 法」がある。

④ 鑑定評価の手法の適用にあたっては，鑑定評価の手法を当該案件に即して適切に適用すべきである。この場合，地域分析および個別分析により把握した対象不動産にかかる市場の特性等を適切に反映した複数の鑑定評価の手法を適用すべきである。

総論 8 章 7 節

総則・免許

用語の定義　　　　　　□□□★★

1 宅地の定義　　　　　　　　　　　　　　　　□□□

① **建物の敷地に供せられる土地**（地目・現況にかか　｜法2条1号
わらず，宅地見込地・宅地予定地も含まれる）

② **用途地域内の土地**（道路・公園・河川・広場・水
路は除く）

2 宅地建物取引業とは　　　　　　　　　　　　□□□

	当 事 者	代 理	媒 介
売　買	◯	◯	◯
交　換	◯	◯	◯
貸　借	×	◯	◯

＊業として行う場合に，◯印の行為が宅地建物取引業となる。

＊宅地建物の貸借については，自分が当事者となって，たとえ貸借を
業として行っても，業法上の業務には該当しない。

① 「業として行う」とは，**不特定多数**の者を相手方と　｜法2条2号
して，**反復継続**して行うことをいう。

② 宅地建物の**貸借**や**管理**，建物の**建築・建設**につい
ては，たとえ業として行っても宅建業には該当しな
い。

③ 会社が社員の福利厚生を目的として自社の社員の
みを対象に社宅の分譲を行う場合や，大学が自校の
学生のみを対象にアパートの斡旋を行う場合は，宅
建業には該当しない。

④ 宅建業を営む信託会社および信託業務を兼営する　｜法77条
銀行については，法3条以下の免許の規定は適用さ
れず，大臣免許を受けた宅建業者とみなされる。

3 宅地建物取引士とは　　　　　　　　　　　　□□□

① 宅建試験に合格し，都道府県知事の登録を受け，　｜法2条4号
宅地建物取引士証の交付を受けた者

5

宅建業法等

免　許 □□□★★★★★

1 免許の区分 □□□

① 　2以上の都道府県の区域内に事務所を設置して宅　｜ 法3条①
建業を営む場合 ⇨ **大臣免許**

　＊**事務所**……本店または支店のほか，継続的に業務
　を行うことができる施設を有する場所で，契約締
　結権限を有する使用人を置くもの

② 　1つの都道府県の区域内でのみ宅建業を営む場合
　⇨ **知事免許**

2 免許の更新等 □□□

① 　免許の有効期間は**5年**であり，有効期間の満了後　｜ 法3条②③
も引き続き宅建業を営もうとする者は，免許の更新
を受けなければならない。

② 　免許の更新の申請は，免許の有効期間満了の日の　｜ 則3条
90日前から30日前までの間にしなければならない。

3 免許の欠格要件 □□□

① 破産手続開始の決定を受けて復権を得ない者 ｜ 法5条①1号

② 　不正の手段により宅建免許を受けたり，業務停止　｜ 同条①2号
事由に該当し情状が特に重いとして免許を取り消さ
れ，取消しの日から**5年**を経過しない者

　●法人の場合は，免許取消しにかかる聴聞の期日・
　場所の公示日前**60日以内**にその法人の役員であっ
　た者を含む

　●免許取消処分の聴聞の期日・場所の公示日から処　｜ 同条①3号
　分が決定する日までの間に，解散・廃業の届出が
　あった者（相当の理由がある者を除く）で，届出
　の日から5年を経過しないもの

③ 　**禁錮以上の刑**に処せられ，その刑の執行を終わり，　｜ 同条①5号
または刑の執行を受けることがなくなった日から**5
年**を経過しない者

＊刑の執行猶予期間が満了した者は，刑の言い渡し
　の効力を失うので，他の欠格要件に該当しない限
　り満了日の翌日から免許を受けることができる。

●**宅建業法，暴力団員による不当な行為の防止等に**　　同条①6号
　関する法律の規定に違反し，または**刑法の傷害罪**，
　傷害幇助罪，暴行罪，凶器準備集合罪，脅迫罪，
　背任罪，**暴力行為等処罰に関する法律**の罪を犯し
　たことにより**罰金刑**に処せられ，その刑の執行を
　終わり，または刑の執行を受けることがなくなっ
　た日から**5年**を経過しない者

④　暴力団員または暴力団員でなくなった日から5年　　同条①7号
　を経過しない者（以下，暴力団員等）

⑤　免許の申請前5年以内に宅建業に関し不正または　　同条①8号
　著しく不当な行為をした者

⑥　宅建業に関し不正または不誠実な行為をするおそ　　同条①9号
　れが明らかな者

⑦　心身の故障により宅建業を適正に営むことができ　　同条①10号
　ない者

⑧　宅建業にかかる営業に関し**成年者と同一の行為能**　　同条①11号
　力を有しない未成年者で，その**法定代理人**（法定代
　理人が法人の場合には，その役員を含む）が①～⑦
　に該当する者

⑨　法人で，その役員または政令で定める使用人が①　　同条①12号
　～⑦に該当する者

　＊**役員**……業務を執行する社員，取締役，執行役ま
　　たはこれらに準ずる者（これらの者と同等以上の
　　支配力を有すると認められる者を含む）

　＊**政令で定める使用人**……宅建業者の使用人で，宅
　　建業に関し事務所の代表者であるもの

⑩　個人で，政令で定める使用人が①～⑦に該当する　　同条①13号
　者

⑪　暴力団員等がその事業活動を支配する者　　　　　　同条①14号

5

宅建業法等

⑫　事務所について専任の宅地建物取引士の設置要件 ┆ 同条①15号
　を欠く者

免許の欠格要件（法5条1項の概要）

免許申請の手続関係
①免許申請書やその添付書類中に重要な事項についての虚偽の記載があり，もしくは重要な事実の記載が欠けている場合

申　　　請　　　者
②申請前**5年以内**に次のいずれかに該当した場合

A 免許不正取得，情状が特に重い不正不当行為，または業務停止処分違反をして免許を取り消された場合
その者が法人である場合は，その法人の役員であった者を含む
B 前記のいずれかの事由に該当するとして，免許取消処分の聴聞の公示をされた後，相当の理由なく廃業等の届出を行った場合
C 禁錮以上の刑に処せられた場合
D 宅建業法，暴力団員による不当な行為の防止等に関する法律の規定に違反し，または刑法の罪，暴力行為等処罰に関する法律の罪を犯し，罰金の刑に処せられた場合
E 暴力団員等
F 免許申請前5年以内に宅建業に関して不正または著しく不当な行為をした場合

③破産手続の開始決定を受けている場合
④心身の故障により宅建業を適正に営むことができない場合
⑤宅建業に関し不正または不誠実な行為をするおそれが明らかな場合

申請者の法定代理人，役員，政令使用人
⑥申請者の法定代理人，役員または政令使用人が上記②〜⑤に該当する場合

事　務　所　の　要　件
⑦事務所に専任の宅建士を設置していない場合

総則・免許

免許換え・変更等の届出 □□□ ★★★

1 免許換え □□□

① 大臣免許業者が事務所の廃止に伴い A 県だけに事務所を設置することとなったとき ⇨ A 県知事免許 【法7条①】

② A 県知事免許業者が A 県内の事務所を廃止して B 県に事務所を設置することとなったとき ⇨ B 県知事免許

③ A 県知事免許業者が 2 つ以上の都道府県に事務所を設置することとなったとき ⇨ 大臣免許

④ 免許換えにより新たな免許を受けたときは，**従前の免許**はその効力を失う。

⑤ 新たに受けた免許の有効期間は，新たに免許を取得した日から **5 年**となる。

2 変更の届出 □□□

① 業者は，次の事項に変更があったときは，**30日以内**に免許を受けた大臣・知事に届け出る必要がある。 【法9条】
- ●商号または名称，事務所の名称・所在地
- ●法人の役員・政令で定める使用人の氏名
- ●個人である場合の営業主・政令使用人の氏名
- ●専任の宅地建物取引士の氏名

3 廃業等の届出 □□□

① 業者が次の事項に該当することとなったときは，届出義務者はその日（死亡の場合は，その事実を知った日）から**30日以内**に免許を受けた大臣または知事に届け出なければならない。 【法11条】
- ●業者が死亡した場合 ⇨ 相続人
- ●法人が合併により消滅した場合 ⇨ 代表役員
- ●破産手続開始の決定があった場合 ⇨ 破産管財人
- ●法人が解散した場合 ⇨ 清算人
- ●廃業した場合 ⇨ 本人，代表役員

5

宅建業法等

4 免許証の書換え・再交付・返納

則4条の2

～4条の4

	事　由	申請時期
書　換　え 交　　　付	免許証の記載事項が変更したとき	業者名簿の登載事項の変更届とあわせて（30日以内）
再　交　付	免許証を亡失・滅失・汚損・破損したとき	遅滞なく
返　　　納	a．免許換えにより従前の免許が失効したとき b．免許が取り消されたとき c．亡失した免許証を発見したとき d．廃業等の届出をしたとき	遅滞なく

5 無免許事業等・名義貸しの禁止

① 免許を受けない者は，宅建業を営む旨の表示をし，または宅建業を営む目的をもって，広告をしてはならない。

法12条

② 業者は，自己の名義をもって，他人に宅建業を営ませてはならず，自己の名義をもって，他人に，宅建業を営む旨の表示をさせ，または宅建業を営む目的をもってする広告をさせてはならない。

法13条

6 旧姓使用の取扱い

免許申請書等の記載事項のうち，法人の代表者・役員，免許を受けようとする個人，政令で定める使用人，専任の宅建士の氏名について，免許申請書等に旧姓を併記または旧姓を使用してよいこととされた（「宅地建物取引業法の解釈・運用の考え方」）。

宅地建物取引士・営業保証金

宅地建物取引士資格登録　□□□ ★★★★

1　業務処理の原則等　□□□

① 宅地建物取引士は，宅地建物の取引の専門家とし | 法15条
て，購入者等の利益の保護および円滑な宅地・建物
の流通に資するよう，公正かつ誠実にこの法律に定
める事務を行うとともに，宅建業に関連する業務に
従事する者との連携に努めなければならない。

② 宅地建物取引士は，宅地建物取引士の信用または | 法15条の2
品位を害するような行為をしてはならない。また，
宅地建物の取引にかかる事務に必要な知識および能 | 法15条の3
力の維持向上に努めなければならない。

2　宅地建物取引士の登録　□□□

① 宅建試験の合格者で，宅地建物の取引に関し**2年** | 法18条①
以上の実務経験を有する者

② 大臣が①と同等以上の能力を有すると認めた者
（実務講習修了者）

3　登録の欠格要件　□□□

① 宅建業にかかる営業に関し**成年者と同一の行為能** | 同条①1号
力を有しない未成年者

② 破産手続開始の決定を受けて復権を得ない者 | 同条①2号

③ 不正の手段により宅建免許を受けたり，業務停止 | 同条①3号
事由に該当し情状が特に重いとして免許を取り消さ | ～
れ，取消しの日から**5年**を経過しない者 | 同条①5号

　●法人の場合は，免許取消しにかかる聴聞の期日・
　場所の公示日前**60日以内**にその法人の役員であっ
　た者を含む

　●免許取消処分の聴聞の期日・場所の公示日から処
　分が決定する日までの間に，解散・廃業の届出が
　あった者（相当の理由がある者を除く）で，届出
　の日から**5年**を経過しないもの

④ 禁錮以上の刑に処せられ，その刑の執行を終わり，または刑の執行を受けることがなくなった日から5年を経過しない者 同条①6号

⑤ **宅建業法，暴力団員による不当な行為の防止等に関する法律**の規定に違反し，または**刑法**の傷害罪，傷害幇助罪，暴行罪，凶器準備集合罪，脅迫罪，背任罪，**暴力行為等処罰に関する法律**の罪を犯したことにより**罰金刑**に処せられ，その刑の執行を終わり，または刑の執行を受けることがなくなった日から5年を経過しない者 同条①7号

＊刑の執行猶予期間が満了した者は，刑の言渡しの効力を失うので，他の欠格要件に該当しない限り満了日の翌日から免許を受けることができる。

⑥ 暴力団員等 同条①8号

⑦ 不正の手段により登録を受けたり宅地建物取引士証の交付を受けたとき，事務禁止事由に該当し，特に情状が重いとき，または事務禁止処分に違反して**登録の消除処分**を受け，処分の日から**5年**を経過しない者 同条①9号

⑧ ⑦の登録消除処分の聴聞の期日・場所の公示日から処分が決定する日までの間に，**登録消除の申請**をした者（相当の理由がある者を除く）で，登録消除の日から5年を経過しない者 同条①10号

⑨ 事務の禁止処分を受け，その禁止期間中に本人からの申請により登録が消除され，まだその期間が満了しない者 同条①11号

⑩ 心身の故障により宅建業を適正に営むことができない者 同条①12号

4　登録の移転 □□□

① 　登録を受けている者（事務禁止期間中の者を除く）　法19条の2
が，登録をしている知事の管轄する都道府県以外に
所在する都道府県の宅建業者の事務所の業務に従事
し，または従事しようとするときは，**登録の移転を
申請することができる**（強制ではない）。

② 　登録の移転は，現在登録を受けている知事を経由
して，移転先の知事に対して行う。

5　死亡等の届出 □□□

① 　登録を受けている者が次の事項に該当することと　法21条
なったときは，届出義務者はその日（死亡の場合は，
その事実を知った日）から**30日以内**に登録を受けて
いる知事に届け出なければならない。

● 死亡した場合 ⇨ 相続人

● 営業に関し成年者と同一の行為能力を有しない未
成年者，破産者となった場合，または宅建業法に
違反したり傷害等の罪を犯し罰金刑に処せられた
場合等 ⇨ 本人

● 心身の故障により宅地建物取引士の事務を適正に
営むことができなくなった場合 ⇨ 本人またはそ
の法定代理人もしくは同居の親族

6　変更の登録 □□□

① 　登録を受けている事項（氏名，生年月日，住所，　法20条
本籍，実務経験等）に変更があったときは，**遅滞な
く**，変更の登録を申請しなければならない。

7　登録の消除 □□□

① 　都道府県知事は，次のいずれかに該当する場合に　法22条
は，その者の登録を消除しなければならない。

● 本人から登録消除の申請があったとき

● 死亡等の届出があったとき（届出がなくても，そ
の事実が判明したとき）

● 試験の合格決定を取り消されたとき

5

宅建業法等

宅地建物取引士証

□□□★★★

1 宅地建物取引士証の交付と有効期間

□□□

① 宅建士の資格登録を受けている者は，登録をしている知事に対して，宅地建物取引士証（以下，宅建士証）の交付を申請することができる。 — 法22条の2①

② 宅建士証の有効期間は**5年**であり，申請による有効期間の更新（有効期間5年）が認められている。 — 法22条の2③

2 登録の移転の場合の措置

□□□

① 登録の移転をしたときは，宅建士証は効力を失うので，その宅建士証を速やかに交付を受けた知事に**返納**しなければならない。 — 法22条の2⑥

② 登録の移転の申請とともに新たな宅建士証の交付を申請した場合には，新たに交付される宅建士証の有効期間は，従前の宅建士証の有効期間が満了するまでの期間（**残存期間**）となる。 — 法22条の2⑤

3 宅地建物取引士証の書換え交付等

□□□

以下の手続は，すべて宅建士証の交付を受けた都道府県知事に対して行う。

	事　由	期　間	
書換え交付	宅建士がその氏名または住所を変更したとき	法20条の変更の登録の申請と併せて（遅滞なく）	則14条の13
再交付	宅建士証を亡失・滅失・汚損・破損したとき等	――	則14条の15
返　納	a．登録が消除されたとき b．宅建士証が効力を失ったとき c．亡失した宅建士証を発見したとき	速やかに	法22条の2⑥
提　出	事務禁止処分を受けたとき		法22条の2⑦

宅地建物取引士・営業保証金

営業保証金　□□□★★★★★

1　営業保証金の供託　□□□

① 宅建業を営もうとする者は，免許を受けた後，営業保証金を**主たる事務所の最寄りの供託所**に供託しなければならない。 ┊ 法25条①

| 免許 | ⇨ | 営業保証金の供託 | ⇨ | 供託書の写し | ⇨ | 供託した旨の届出 | ⇨ | 業務開始 |

② 営業保証金の額 ┊ 令2条の3
- 主たる事務所 ⇨ **1,000万円**
- その他の事務所 ⇨ **500万円**

③ **有価証券による供託**（金銭のほか，国債・地方債や施行規則15条の2で定める有価証券による供託も認められている） ┊ 則15条
- 国債　⇨ 額面金額の**100%**
- 地方債，政府保証債 ⇨ **90%**
- 鉄道債券など　⇨ **80%**

2　営業開始の要件　□□□

① 営業保証金を供託した旨の届出をした後でなければ，事業を開始することはできない。 ┊ 法25条⑤

② 免許を受けた後，事務所を増設した場合には，新事務所について営業保証金を供託した旨を届け出た後でなければ，その事務所で営業を開始することはできない。 ┊ 法26条②

3　供託しない者に対する措置　□□□

① 大臣・知事は，その免許をした業者が**3月以内**に営業保証金を供託した旨の届出をしないときは**催告**をし，催告が到達した日から**1月以内**に供託した旨の届出をしない場合は，その免許を取り消すことができる。 ┊ 法25条⑥〜⑦

4 営業保証金の保管換え等

① 業者が主たる事務所を移転したため，最寄りの供
託所が変更した場合には，移転後の主たる事務所の
最寄りの供託所に新たに供託しなければならない。

- **金銭のみで供託している場合** ⇨ 遅滞なく費用を
  予納して，その保管替えを請求
- その他のとき ⇨ 遅滞なく移転後の主たる事務所
  の最寄りの供託所に新たに供託しなければならな
  い

法29条

5 営業保証金の還付等

① 業者と**宅建業に関し取引をした者**（業者を除く）
は，その**取引**によって**生じた債権**について，業者が
供託した供託金から弁済を受ける権利を有する。

法27条

② 営業保証金が還付されたため，供託している営業
保証金の額に不足が生じた場合，不足額を供託すべ
き旨の**通知を受けた日から２週間以内**にその不足額
を供託しなければならない。

法28条

③ 営業保証金を供託したときは，その旨を**２週間以
内**に免許権者に届け出なければならない。

6 営業保証金の取りもどし

① 業者は，次の場合に営業保証金の払いもどしを受
けることができる。

法30条①

- 免許の有効期間が満了したとき
- 破産，解散，廃業によって免許が失効したとき
- 死亡，法人の合併により消滅したとき
- 免許が取り消されたとき
- 事務所の一部廃止のため，規定の営業保証金の額
  を超えることとなったとき
- 主たる事務所を移転したため，新たに営業保証金
  を供託したとき

業　　務

宅地建物取引士の設置義務等 □□□★★★★★

1 業務処理の原則等　　　　　　　　　　　　　　　□□□

① 業者は，取引の関係者に対し，信義を旨とし，誠　法31条
実にその業務を行わなければならない。

② 業者は，業務を適正に実施させるため，従業者に　法31条の2
対し必要な教育を行うよう努めなければならない。

2 宅地建物取引士の設置義務　　　　　　　　　　　□□□

① **専任の宅建士の要件**……**成年者**であること，**専任**　法31条の3①
（もっぱらその事務所等に常勤し，業務に従事する
状態）であること

② **専任の宅建士の設置数**　　　　　　　　　　　　則15条の5の3
● **事務所**……事務所ごとに，その業務に従事する者
5人に1人以上の割合で設置
● **案内所等**……少なくとも1人以上を設置

③ 業者本人や法人の役員が宅建士である場合には，　法31条の3②
その事務所等における専任の宅建士とみなされる。

④ 専任の宅建士の数が不足した場合には，**2週間以**　法31条の3③
内に，新たに専任の宅建士を選任しなければならな
い。

3 案内所等の範囲　　　　　　　　　　　　　　　　□□□

専任の宅建士の設置が必要な案内所等の範囲は，次　則15条の5の2
に掲げる場所で，宅地建物の売買等の**契約を締結**し，
または**契約の申込み**を受けるものである。

① 継続的に業務を行える場所で事務所以外のもの

② 業者が一団（10区画以上，10戸以上）の宅地建物
の分譲を行うために設置する案内所

③ 他の業者が行う一団の宅地建物の分譲の代理・媒
介を行うために設置する案内所

④ 業者が実務に関し展示会等の催しを実施する場所

5

宅建業法等

広告等に関する規制 　　　□□□★★★

1 誇大広告等の禁止　　　　　　　　　　　□□□

① 　業者は，その業務に関して広告をするときは，宅地　｜法32条
建物に関する次の事項について，**著しく事実に相違
する表示**をし，または**実際のものより著しく有利で
あると人を誤認させるような表示をしてはならない。**

- ●取引物件に関する事項（所在，規模，形質，現在ま
たは将来の利用の制限，環境，交通その他の利便）
- ●取引条件，取引内容に関する事項（代金・借賃等
の対価の額・支払方法，ローンのあっせん）

② 　実害がなかったとしても，違反となる。

③ 　この規定は**業者間取引**にも**適用**される。違反する
と業務停止を命じられ，情状が特に重い場合は免許
を取り消される。また，6 月以下の懲役，100万円
以下の罰金または併科に処せられることがある。

2 広告の開始時期の制限　　　　　　　　　　□□□

① 　業者は，宅地造成工事や建物建築工事の**完了前**に　｜法33条
は，開発許可，建築確認等**法令に基づく許可**を得た後
でなければ業務に関する広告をすることができない。

3 自己の所有しない物件の売買契約締結の制限　□□□

① 　業者は，次の場合を除き，**自己の所有に属しない**　｜法33条の 2
宅地建物について，**自ら売主となる売買契約**を締結
してはならない。

- ●物件を**取得する契約**（**予約**を含み，その効力の発生
が**条件**にかかるものを除く）を締結しているとき
- ●都市計画法，土地区画整理法等の法律によって宅
建業者が物件を取得できることが明らかな場合

② 　この規定は**業者間取引**には**適用されない**。違反す
ると業務停止を命じられ，情状が特に重い場合は免
許を取り消される。

業　務

取引態様の明示と媒介契約等の規制 □□□★★★★★

1 取引態様の明示　　　　　　　　　　　　□□□

① 業者は，宅地建物の売買・交換・貸借の**広告**をするときは，
- **自ら相手方**となって売買・交換を成立させるのか
- **代理人**として売買・交換・貸借を成立させるのか
- **媒介**により売買・交換・貸借を成立させるのか

を**明示**しなければならない。　　　　　　　　　法34条①

② 業者は，宅地建物の売買・交換・貸借に関する**注文**を受けたときは，**遅滞なく**，注文者に**取引態様の別**を明らかにしなければならない。　　　　法34条②

③ この規定は**業者間取引**にも**適用**される。違反すると業務停止を命じられ，情状が特に重い場合は免許を取り消される。

2 媒介契約の類型と媒介契約書の記載内容　□□□

① 業者は，宅地建物の売買・交換の媒介契約を締結したときは，**遅滞なく**，次の事項を記載した書面（または電磁的記録）を作成して記名押印し，依頼者に交付しなければならない。　　　　法34条の2①
- 宅地建物を特定するための表示
- 宅地建物の売買価額または評価額
- 媒介契約の類型
- 当該建物が既存建物であるときは，**建物状況調査**を実施する者のあっせんに関する事項
- 契約の有効期間，解除に関する事項
- 指定流通機構への登録に関する事項
- 専任媒介契約において，依頼者が専任義務に違反した場合の措置
- 専属専任媒介契約において，依頼者が業者の探索した相手方以外の者と契約を締結した場合の措置

媒介契約の類型

類型	契約のしくみ	有効期間	取引業者の義務	
			探索義務	処理状況の報告義務
一般媒介契約	①他の業者にも媒介等の依頼ができる ②媒介等を他の業者に依頼した場合，その業者を明示するものと，明示しないものがある ③自己発見取引が可能である	規定なし	一般的な探索義務を負う	規定なし
専任媒介契約	①他の業者に重ねて媒介等の依頼ができない ②自己発見取引が可能である	3か月以内	①指定流通機構への物件登録義務を負う ②売買契約の成立にむけて積極的に努力する	2週間に1回以上の報告義務を負う
専属専任媒介契約	①他の業者に重ねて媒介等の依頼ができない ②自己発見取引は認められない	3か月以内		1週間に1回以上の報告義務を負う

- ●明示型の一般媒介契約において，依頼者が明示義務に違反した場合の措置
- ●標準媒介契約約款に基づくものであるか否かの別

② 業者は，宅地建物の売買価額または評価額について意見を述べるときは，その**根拠**を明らかにしなければならない。

③ この規定は**業者間取引**にも**適用**される。違反すると業務停止を命じられ，情状が特に重い場合は免許を取り消される。

3 専任媒介契約の規制　　　　　　　　　□□□

① 専任媒介契約の有効期間は，**3月**を超えることができず，これより長い期間の特約をしたときは，3月に短縮される。　法34条の2③

② 契約の**更新**は，**依頼者の申出**により何度でも可能であるが，更新の時から3月を超えることはできない。　法34条の2④

③ 専任媒介契約を締結したときは，契約締結日から**7日以内**（休業日を除く。**専属専任**は**5日以内**）に，指定流通機構に登録しなければならない。　則15条の8

④ 指定流通機構への登録事項は，宅地・建物の所在，規模，形質，売買すべき価額，法令上の制限等である。　法34条の2⑤

⑤ 業者は，登録後，依頼者に対し，**登録を証する書面**を遅滞なく引き渡さなければならない。　法34条の2⑥

⑥ 業者は，登録にかかる契約が成立したときは，遅滞なく，登録番号，取引価格および売買契約の成立した日を**指定流通機構**に通知しなければならない。　法34条の2⑦

⑦ 媒介契約を締結した業者は，申込みがあったときは，遅滞なく依頼者に**報告**しなければならない。　法34条の2⑧

⑧ 業者は，依頼者に対し，業務の処理状況を**2週間に1回以上**（**専属専任**は**1週間に1回以上**）報告しなければならない。　法34条の2⑨

5
宅建業法等

重要事項の説明　□□□★★★★★

1　宅地建物取引士による説明　□□□

① **説明者** ⇨ **宅建士**（専任でなくてもよい）　法35条

② **説明方法** ⇨ 重要事項を記載した**書面**（または電磁的記録）を**交付して説明**（書面には説明をする**宅地建物取引士**が**記名**）

③ **説明の時期** ⇨ **契約が成立するまでの間**

④ **宅建士証の提示** ⇨ 宅建士は，重要事項の説明をするときは，説明の相手方に対し，宅建士証を提示しなければならない

⑤ 重要事項の説明にＩＴを活用するにあたっては，宅建士により記名された重要事項説明書および添付書類をあらかじめ送付し（相手方の承諾を得て，書面の交付に代えて，電磁的方法により提供することができる），宅建士証を画面上に提示するなどの条件を満たしている場合に限り，対面による説明と同様に取り扱うことができる。

⑥ **業者間取引**の場合は，重要事項を記載した**書面の交付**のみで足りる（宅建士の記名は必要）。

⑦ 違反すると業務停止を命じられ，情状が特に重い場合は免許を取り消される。

2　説明をしなければならない相手　□□□

① **売買**の場合 ⇨ **買主**になろうとする者

② **交換**の場合 ⇨ 宅地建物を取得しようとする者（**両者**）

③ **貸借**の場合 ⇨ **借主**になろうとする者

3　重要事項説明書の記載事項（通常取引の場合）　□□□

① **取引対象物件**に関する事項　法35条①１号〜

● 登記された権利の種類・内容，登記名義人（所有者）

- 法令上の制限で契約内容の別に応じて施行令3条に定める事項の概要

- 私道に関する負担（建物の貸借契約以外の場合。私道負担がない場合にも説明の必要あり）

- 飲用水・電気・ガスの供給，排水施設の整備の状況（未整備の場合は，その見通しと負担金）

- 宅地建物が**工事の完了前**の場合　　　　　　　　　　　則16条

　　　　　　　　　　⇨ 完了時の形状，構造
（宅地の場合）工事完了時における当該宅地に接する道路の構造，幅員
（建物の場合）工事完了時における主要構造部，内装・外装の構造，仕上げ，設備の設置・構造

- **区分所有建物**の場合（貸借の契約はc，hの事項）　則16条の2

  a．敷地の権利の内容・種類

  b．共用部分に関する規約の定め（案を含む。以下同）があるときは，その内容

  c．専有部分の用途等に関する規約の定めがあるときは，その内容

  d．専用使用権があるときは，その内容

  e．計画修繕積立金，通常の管理費用等を特定の者にのみ減免する定めがあるときは，その内容

  f．計画修繕積立金等に関する規約の定めがあるときは，その内容およびすでに積み立てられている額

  g．通常の管理費用の額

  h．管理が委託されているときは，委託先の氏名・住所（法人の場合は商号・名称・主たる事務所の所在地）

  i．建物の維持修繕の実施状況が記録されているときは，その内容

- **既存建物**の場合⇨ 建物状況調査の実施の有無および過去1年（鉄筋コンクリート造または鉄骨鉄

5

宅建業法等

筋コンクリート造の共同住宅等は 2 年）以内に実施している場合には，その結果の概要ならびに建物の建築および維持保全の状況に関する書類の保存の状況

②　**取引条件**に関する事項

- 代金，交換差金，借賃以外に受理される金銭の額およびその目的（手付金，権利金等）
- 契約の解除に関する事項
- 損害賠償額の予定または違約金に関する事項
- 手付金等を受領しようとする場合は，その保全措置の概要
- 支払金または預り金（権利金，敷金等）を受領しようとする場合における手付金等保全措置の有無とその概要（50万円未満のもの，保全措置が講じられている手付金等，登記以後に受領するもの，報酬は除かれる）
- ローンのあっせんの内容とローンが不成立の場合の措置
- 担保責任の履行に関し保証保険契約の締結等の措置を講ずるかどうか，およびその措置を講ずる場合におけるその措置の概要
- **割賦販売**の場合の現金販売価格，割賦販売価格，物件の引渡しまでに支払う金銭の額，支払時期，方法　　　　　　　　　　　　　　　　　　　　　　法35条②
- 信託の受益権の売主となる場合における信託財産である宅地建物に関する事項　　　　　　　　　　法35条③

③　その他取引の**相手方等の保護**に関する事項　　則16条の 4 の 3

取引の相手方等の保護に関する事項

説　明　事　項	宅地の 売買・交換	建物の 売買・交換	宅地の 貸借	建物の 貸借
造成宅地防災区域内・土砂災害警戒区域内・津波災害警戒区域内にあるときは，その旨	○	○	○	○
物件の位置が水防法の規定による水害マップに表示されているときは，当該図面における物件の所在地	○	○	○	○
建物について石綿の使用の有無に関する調査結果の記録があるときは，その内容		○		○
建物が耐震診断を受けたものであるときは，その内容		○		○
住宅性能評価を受けた新築住宅であるときは，その旨		○		
台所，浴室，便所その他建物の設備の整備状況				○
契約期間，契約の更新に関する事項			○	○
定期借地権，定期借家権を設定しようとするときは，その旨			○	○
用途その他の利用の制限に関する事項			○	○
契約終了時の金銭の精算に関する事項			○	○
管理が委託されているときは，委託先の氏名・住所（法人の場合は商号・名称・主たる事務所の所在地）			○	○
契約終了時における建物の取壊しに関する事項を定めようとするときは，その内容			○	

5
宅建業法等

供託所等の説明，契約締結時期の制限　□□□★★★

1 供託所等に関する説明　□□□

① 業者は，売買・交換・貸借の契約が成立するまで　法35条の2
の間に，相手方（業者を除く）に次の事項を説明す
るようにしなければならない。

- 業者が保証協会の社員でないとき ⇨ 営業保証金
を供託した供託所・その所在地
- 業者が保証協会の社員であるとき ⇨社員である
旨，保証協会の名称・住所，事務所の所在地，弁
済業務保証金を供託した供託所・その所在地

② この規定に違反すると指示処分の対象となる。

2 契約締結等の時期の制限　□□□

① 業者は，宅地造成工事や建物の建築工事の完了前　法36条
には，その工事に関し必要とされる開発許可，建築
確認等の法令に基づく許可等の処分があった後でな
ければ，次の行為をしてはならない。

- 自ら当事者として売買・交換の契約を締結するこ
と
- 当事者を代理して売買・交換の契約を締結するこ
と
- 売買・交換の媒介をすること

② この規定は業者間取引にも適用される。違反する
と業務停止を命じられ，情状が特に重い場合は免許
を取り消される。

業　　務

書面の交付 □□□★★★★★

1 交付義務 □□□

① 業者は，宅地建物の売買・交換・貸借の**契約**が**成　法37条①
立**したときは，**遅滞なく**，重要な事項を記載した書
面（または電磁的記録。以下同）を交付しなければ
ならない。

② 業者は，書面を作成したときは，宅建士をしてそ　法37条③
の書面に**記名**させなければならない。（説明させる
ことまでは求められていない）

③ 宅建業者は，相手方等の承諾を得て，書面の交付
に代えて，当該書面に記載すべき事項を電磁的方法
により提供することができる。

④ この規定は**業者間取引**にも**適用**される。違反する
と業務停止を命じられ，情状が特に重い場合は免許
を取り消される。また，50万円以下の罰金に処せら
れることがある。

書面の交付と相手方

書面の交付を必要とする場合	その相手方
(1) 業者が自ら当事者として売買・交換の契約を締結したとき	その売買・交換の相手方
(2) 業者が当事者を代理して，売買・交換・貸借の契約を締結したとき	その売買・交換・貸借の相手方および代理を依頼した者
(3) 業者の媒介により，売買・交換・貸借の契約が成立したとき	その契約の各当事者

2 書面の記載事項 □□□

① **売買・交換**の場合　法37条① 1〜5
〈必要的記載事項〉
● 当事者の氏名（法人の場合はその名称），住所

5
宅建業法等

- 物件を特定するために必要な表示
- 代金，交換差金の額とその支払時期，支払方法
- 物件の引渡し時期
- 移転登記の申請の時期
- 建物の構造耐力上主要な部分等の状況について当事者の双方が確認した事項

〈任意的記載事項〉（定めがあるときにのみ記載）　　　　　　　法37条①6～12

- 代金・交換差金以外の金銭の授受に関する定めの内容（その金額，授受の時期・目的）
- 契約の解除に関する定めの内容
- 損害賠償額の予定，違約金に関する定めの内容
- ローンのあっせんに関する定めの内容，ローンが不成立の場合の措置
- 天災その他不可抗力による損害の負担（危険負担）に関する定めの内容
- 担保責任または当該責任の履行に関して講ずべき措置についての定めの内容
- 租税公課の負担に関する定めの内容

② **貸借の場合**

〈**必要的記載事項**〉
- 当事者の氏名（法人の場合はその名称），住所
- 物件を特定するために必要な表示
- 借賃の額とその支払時期，支払方法
- 物件の引渡し時期

〈**任意的記載事項**〉（定めがあるときにのみ記載）
- 借賃以外の金銭の授受に関する定めの内容（その金額，授受の時期・目的）
- 契約の解除に関する定めの内容
- 損害賠償額の予定，違約金に関する定めの内容
- 天災その他不可抗力による損害の負担（危険負担）に関する定めの内容

業　　務

重要事項説明書と37条書面　□□□★★★★★

[参考] 重要事項説明書と37条書面の比較

	重要事項説明書	37条書面
いつ	契約成立前	契約成立後遅滞なく
誰から	宅建士	宅建業者
誰に	買主・借主	両当事者
宅建士の記名	必要（専任である必要はない）	
特有項目	●登記に関する事項 ●法令上の制限 ●私道負担（建物の貸借以外） ●飲用水・電気・ガス施設の状況 ●手付金等保全措置 ●建物状況調査の状況等（既存建物）	●代金等の額とその支払時期・方法 ●物件の引渡し時期 ●移転登記の時期 ●担保責任，公租公課（売買・交換） ●構造耐力上主要な部分等の状況（既存建物，売買・交換）
共通項目	●代金等以外の金銭の授受の定め ●契約解除の定め ●損害賠償額の予定または違約金の定め ●ローンのあっせんに関する定め ●担保責任の履行に関する措置 ※重要事項は，定めがあってもなくても説明しなければならず，37条書面は，定めがある場合にのみ記載する。	

※相手方が宅建業者の場合には，重要事項の説明を要せず，重要事項説明書の交付のみで足りるものとされている。

5 宅建業法等

クーリング・オフ　□□□★★★★

1 クーリング・オフのしくみ　　　　　　□□□

① 業者が，**自ら売主となる**宅地建物の売買契約につ　　｜ 法37条の2①
いて，**事務所等以外の場所**において買受けの申込み
をした者または売買契約を締結した買主は，③の場
合を除いて，書面により申込みの撤回または契約の
解除を行うことができる。

② 申込みの撤回等ができる旨およびその方法の告知　　｜ 則16条の6
は，買主の氏名・住所，売主の業者名・住所・免許
証番号等を記載した書面を交付して行わなければな
らない。

クーリング・オフの適用除外となる事務所等

(1)　業者の事務所	
右のうち，専任の取引士を置くべき場所	(2)　業者の事務所以外の場所で継続的に業務を行うことができる施設を有するもの
	(3)　業者が一団の宅地建物の分譲を案内所を設置して行う場合…その案内所（土地に定着する建物内のものに限る）
	(4)　他の業者が代理・媒介を行う場合…その業者の(1)，(2)に該当するもの
	(5)　他の業者が代理・媒介を案内所を設置して行う場合…その業者の(3)に該当するもの
	(6)　業者（代理・媒介をする他の業者を含む）が，専任の宅建士を置くべき場所（土地に定着する建物内のものに限る）で宅地建物の売買契約に関する説明をした後，展示会等の催しを土地に定着する建物内で実施する場合…これらの催しを実施する場所
(7)　相手方（買主）が申し出た場合…その相手方（買主）の自宅・勤務場所	

③ **申込みの撤回等ができなくなる場合**
- 告知の日から起算して**8日**を経過したとき
- 買主が物件の引渡しを受け，かつ，**代金の全部を**支払ったとき
- 買主が事務所等で買受けの申込みをし，事務所等以外の場所で売買契約を締結したとき

2 申込みの撤回等の方式と効果 □□□

① 買主による申込みの撤回等の意思表示は，**書面に**より行わなければならない。

② その効力は，**書面を発した時**に生ずる。 法37条の2②

③ 買主が申込みの撤回等を行った場合には，業者は，これに伴う損害賠償の請求や違約金の支払いを請求することができない。

④ 業者は，速やかに受領した手付金等を返還しなければならない。

3 違反行為に対する措置 □□□

① この規定に反する特約で**申込者に不利な**ものは**無効**となる。 法37条の2④

② この規定は，**業者間取引**には**適用されない**。違反すれば指示処分の対象となるが，本条に反する特約は無効となるため，罰則は特に規定されていない。

5 宅建業法等

損害賠償額の予定，手付の額の制限等　□□□★★★

1 損害賠償額の予定等の制限　□□□

① 業者が**自ら売主となる**宅地建物の売買契約において，当事者の**債務不履行**を理由とする**契約解除**に伴う**損害賠償額**を予定し，**違約金**を定めるときは，これらを合算した額の**10分の2を超える**こととなる定めをしてはならない。 ｜ 法38条

② これに反する特約を締結しても，**10分の2を超える部分**については無効となる。

2 手付の額の制限等　□□□

① 業者は，**自ら売主となる**宅地建物の売買契約の締結に際して，**代金の額の10分の2を超える額の手付**を受領することができない。 ｜ 法39条

② 業者が手付を受領したときは，**当事者の一方が契約の履行に着手するまで**は，買主は手付を**放棄**し，業者はその**倍額を現実に提供**して，契約を解除することができる。

③ ①②に反して買主に不利な特約は**無効**となる。

3 担保責任についての特約の制限　□□□

① 業者は，**自ら売主となる**宅地建物の売買契約において，担保責任に関し，目的物の**引渡しの日から2年以上**とする特約をする場合を除いて，民法566条の規定（**不適合を知った時から1年以内の通知**）より相手方に不利となる契約をしてはならない。 ｜ 法40条

② 民法の規定より不利な特約をしたときは**無効**となる。

③ 以上の規定（損害賠償額の予定，手付の額，担保責任等に関する制限等）は，**業者間取引**には**適用されない**。違反すれば指示処分の対象となるが，罰則は特に規定されていない。

業　　務

手付金等の保全

□□□★★★★

1 手付金等保全措置のしくみ

□□□

	工事完了前（41条）	工事完了後（41条の2）
保全措置	①銀行等による保証委託契約	
	②保険事業者による保証保険契約	
	―	③指定保管機関による手付金等寄託契約
保全措置が不要な場合	①買主への所有権移転の登記がなされたとき②買主が所有権の登記をしたとき	
	③業者が受領しようとする手付金等の額（すでに受領した手付金等があれば，その額を加えた額）が，代金の額の5％以下で，かつ，1,000万円以下であるとき	③左に同じただし，代金の額の10％以下で，かつ，1,000万円以下であるとき
保全すべき手付金等	代金として授受される金銭および手付金その他の名義をもって授受される金銭で代金に充当され，契約日以後，物件の引渡し前に支払われるものをいう	

2 違反行為に対する措置

□□□

① 業者が保全措置を講じていないときは，買主は手付金等を支払わなくても，債務不履行に問われることはない。

② この規定は**業者間取引**には**適用されない**。違反すると業務停止を命じられ，情状が特に重い場合は免許を取り消される。

その他の業務規制　　　□□□★★★

1 割賦販売契約の解除等の制限　　　□□□

① 業者は、**自ら売主となる**宅地建物の**割賦販売契約**　　法42条
について、賦払金の支払義務が履行されない場合に
は、**30日以上の期間**を定めて**書面**で催告し、その期
間内に支払われないときでなければ、支払いの遅滞
を理由に契約を解除し、または支払時期の到来して
いない賦払金の支払いを請求することができない。

② この規定は**業者間取引**には**適用されない**。違反す
れば指示処分の対象となるが、罰則は特に規定され
ていない。

2 所有権留保等の禁止　　　□□□

① 業者は、**自ら売主となる**宅地建物の**割賦販売契約**　　法43条①
を行った場合には、物件の引渡しまでに**登記**その他
引渡し以外の売主の義務を履行しなければならない。

② **所有権留保ができる場合**
- 物件の引渡し後であっても、業者が受領した金銭
の総額が代金の額の**10分の3**を超えないとき
- 買主が、残代金債権について**抵当権・先取特権**の
設定の**登記**をしたり、**保証人**を立てる見込みがな
いとき

3 譲渡担保の禁止　　　□□□

① 業者は、自ら**自ら売主として**宅地建物の**割賦販売**　　法43条②
を行った場合に、物件を買主に引き渡し、かつ、代
金の額の**10分の3**を超える支払いを受けた後は、担
保の目的で物件を譲り受けてはならない。

② 所有権留保等の禁止、譲渡担保の禁止の規定は**業
者間取引**には**適用されない**。違反すると業務停止を
命じられ、情状が特に重い場合は免許を取り消され
る。

4 不当な履行遅延の禁止　□□□

① 業者は，その業務に関してなすべき宅地建物の**登記**，引渡し，**取引**にかかる**対価の支払いを不当に遅延**する行為をしてはならない。　法44条

② この規定は**業者間取引**にも**適用**される。違反すると業務停止を命じられ，情状が特に重い場合は免許を取り消される。また，6月以下の懲役，100万円以下の罰金に処せられ，またはこれを併科されることがある。

5 秘密を守る義務　□□□

① **業者**およびその**従業者**は，**正当な理由**がある場合でなければ，その**業務上**知り得た**秘密**を他に漏らしてはならない。　法45条

② 宅建業を営まなくなった後であっても，同様に秘密を守らなければならない。

③ この規定は**業者間取引**にも**適用**される。違反すると業務停止を命じられ，情状が特に重い場合は免許を取り消される。また，50万円以下の罰金に処せられることがある。

5 宅建業法等

業者自らが売主となる場合の8つの規制（法78条2項）
（業者間取引では適用除外となる）

①自己の所有に属しない物件の売買の制限（33条の2）
②クーリング・オフ制度（37条の2）
③損害賠償額の予定等の制限（38条）
④手付の額の制限（39条）
⑤担保責任についての特約の制限（40条）
⑥手付金等の保全（41条・41条の2）
⑦割賦販売契約の解除等の制限（42条）
⑧所有権留保等の禁止（43条）

報酬額の制限　　　　　　　　　□□□★★★

1 報酬額の制限　　　　　　　　　　　　　　□□□

① 業者がその業務に関して受領することのできる報　　法46条
酬の額は，国土交通大臣の告示で定められており，
その金額を超えて受領することはできない。

● **消費税課税業者**は，②以下の方法によって計算し
た額が限度額となる。

● **免税業者**の場合は，報酬限度額×100／110（A）＋
（A）×仕入れにかかる消費税相当額（4.0／100）で
計算する。

● 土地の売買価格については消費税は課税されない
が，建物については消費税が課税される。

● 報酬限度額の計算の基礎となる取引代金の額は，
本体価格である。

② **売買・交換の媒介**の場合　　　　　　　　　　報酬告示2

● 依頼者の一方から受領できる報酬の限度額

200万円以下	取引代金×5.5%
200万円超400万円以下	取引代金×4.4%
400万円超	取引代金×3.3%

● 取引代金が400万円超の場合，下記の速算式で計
算したほうが覚えやすい。

（取引代金×3％＋6万円）×1.1

● 依頼者の双方から受領する場合……上記により計
算した額を，それぞれから受領できる。

● 交換物件の価額に差がある場合……高い方の価額
を基準として計算する。

③ **売買・交換の代理**の場合　　　　　　　　　　報酬告示3

● 依頼者から受領できる報酬の限度額は，上記によ
り計算した額の**2倍以内**とされる。

④　**貸借の媒介**の場合　　　　　　　　　　　　　報酬告示4
- 依頼者の双方から受領できる報酬の限度額は，**借賃の1か月分の1.1倍以内**とされる。
- **居住用建物の賃貸借の媒介**の場合は，依頼者の承諾を得ている場合を除き，依頼者の一方について**借賃の1か月分の0.55倍以内**とされる。

⑤　**貸借の代理**の場合　　　　　　　　　　　　　報酬告示5
- **借賃の1か月分の1.1倍以内**とされる。

⑥　**権利金の授受**がある場合の特例　　　　　　　報酬告示6
- 賃貸借（居住用建物の場合を除く）の代理・媒介の場合には，権利金の授受があれば，その権利金を売買代金とみなして，②または③の方法により報酬の額を計算することができる。

⑦　税抜400万円以下の低廉な空家等の売買または交　報酬告示7・8
換の媒介・代理であって，**現地調査等の費用**を要するものについては，現行の報酬額の上限に加えて，当該費用に相当する額を合計した額の報酬を売主または交換の依頼者から受けることができる。この場合の報酬額は**18万円の1.1倍**に相当する額を超えてはならない。

⑧　業者は，上記の規定によるほか，報酬を受けるこ　報酬告示9
とができない。ただし，依頼者の依頼によって行う広告料金については，この限りでない。

⑨　この規定は**業者間取引**にも**適用**される。違反すると業務停止を命じられ，情状が特に重い場合は免許を取り消される。また，50万円以下の罰金に処せられることがある。

2 報酬額の掲示　　　　　　　　　　　　　　　□□□

①　業者は，**事務所**ごとに，公衆の見やすい場所に，　法46条④
大臣が定めた報酬の額を掲示しなければならない。

②　掲示しなかったときは，指示処分の対象となるほか，50万円以下の罰金に処せられることがある。

5

宅建業法等

業務に関する禁止事項　□□□★★★

1　業者に対する禁止事項　□□□

① 　業者は，その業務に関して，取引の相手方等に対 ┆ 法47条
し，次の行為をしてはならない。

- 勧誘に際し，契約の申込みの撤回・解除もしくは ┆ 同条1号
債権の行使を妨げるため，重要事項その他業者の
相手方等の判断に重要な影響を及ぼすこととなる
事項について，**故意に事実を告げず**，または**不実**
のことを告げる行為

- **不当に高額の報酬を要求**する行為（実際に受領し ┆ 同条2号
なくても，要求するだけで違反）

- 手付について，**貸付けその他信用の供与**により契 ┆ 同条3号
約の締結を**誘引**する行為

② 　この規定は**業者間取引**にも**適用**される。違反する
と業務停止を命じられ，情状が特に重い場合は免許
を取り消される。また，次の罰則を科される。

- 47条1号違反……2年以下の懲役もしくは300万 ┆ 法79条の2
円以下の罰金またはこれらの併科

- 47条2号違反……1年以下の懲役もしくは100万 ┆ 法80条
円以下の罰金またはこれらの併科

- 47条3号違反……6月以下の懲役もしくは100万 ┆ 法81条2号
円以下の罰金またはこれらの併科

2　業者等に対する禁止事項　□□□

① 　業者またはその代理人，従業者は，取引の相手方 ┆ 法47条の2
等に対し，次の行為をしてはならない。

- 契約の締結を誘引するに際し，相手方等に対して ┆ 同条①
利益が生ずることが確実であると誤解させるべき
断定的判断を提供する行為

- 契約を**締結**させ，契約の申込みの**撤回・解除**を妨 ┆ 同条②
げるため，相手方等を**威迫**する行為

●その他契約の締結に関する行為または申込みの撤回・解除の妨げに関する行為で，相手方等の保護に欠けるもの

同条③

② この規定は**業者間取引**にも**適用**される。違反すると業務停止を命じられ，情状が特に重い場合は免許を取り消される。

3　法47条の2第3項に定める行為

□□□

① 契約の締結の勧誘をするに際し，目的物件について誤解させるべき断定的判断を提供すること，正当な理由なく，当該契約を締結するかどうかを判断するために必要な時間を与えることを拒むことなど。

則16条の12

② 相手方等が契約の申込みの撤回を行うに際し，既に受領した預り金を返還することを拒むこと。

③ 相手方等が手付を放棄して契約の解除を行うに際し，正当な理由なく当該契約の解除を拒み，または妨げること。

4　宅建業の業務に関し行った行為の取消しの制限

□□□

宅建業者（個人に限り，未成年者を除く）が宅建業の業務に関し行った行為は，行為能力の制限によっては取り消すことができない。

法47条の3

その他の義務　□□□★★★

1 証明書の携帯等　□□□

① 業者は，従業者に**従業者証明書を携帯**させなければ，その者を業務に従事させてはならない。

法48条①

② 従業者は，**取引の関係者の請求**があったときは，証明書を提示しなければならない。

③業者は，その事務所ごとに**従業者名簿**を備え，氏名，主たる職務内容，取引主任者であるか否かの別等の事項を記載し，最終記載の日から**10年間**保存しなければならない。

法48条③④

④ この規定は**業者間取引**にも**適用**される。違反すると業務停止を命じられ，情状が特に重い場合は免許を取り消される。また，50万円以下の罰金に処せられることがある。

2 帳簿の備付け　□□□

① 業者は，事務所ごとに業務に関する帳簿を備え，取引のあったつど，その年月日，物件の所在・面積・売買金額等一定の事項を記載しなければならない（パソコンのハードディスクに記録されているときは，帳簿の記載に代えることができる）。

法49条

② 帳簿は，各事業年度の末日をもって閉鎖し，**閉鎖後5年間**保存しなければならない。

③ この規定は**業者間取引**にも**適用**される。違反すると指示処分の対象となるほか，50万円以下の罰金に処せられることがある。

3 標識の掲示　□□□

① 業者は，**事務所等**および**施行規則19条1項で定める案内所等**ごとに，商号または名称および免許証番号等を記載した標識を掲げなければならない。

法50条①

② **事務所等**……事務所および専任の宅地建物取引士

を設置しなければならない案内所

③ **施行規則19条１項で定める案内所等**
- ●継続的に業務を行うことができる施設を有する場所で事務所以外のもの
- ●一団の宅地建物（10区画以上の宅地，10戸以上の建物）の分譲をする場合の物件の所在する場所
- ●上記の場合の案内所
- ●他の業者が行う一団の宅地建物の分譲の代理・媒介を行う場合の案内所
- ●展示会その他これに類する催しを実施する場所

４ 案内所等の届出 ☐☐☐

① 業者は，専任の宅建士を設置しなければならない案内所については，業務を開始する日の**10日前**までに，**免許権者**およびその**所在地を管轄する都道府県知事**に届け出なければならない。 （法50条②）

② この規定は**業者間取引**にも**適用**される。違反すると指示処分の対象となるほか，50万円以下の罰金刑に処せられることがある。

５ 人の死の告知に関するガイドライン ☐☐☐

① 宅建業者が媒介を行う場合，売主・貸主に対し，過去に生じた人の死について，告知書（物件状況等報告書）等に記載を求める。

② 取引の対象不動産で発生した自然死・日常生活の中での不慮の死（転倒事故，誤嚥など）については，原則として告げなくてもよい。

③ 賃貸借取引の対象不動産・日常生活において通常使用する必要がある集合住宅の共用部分で発生した自然死・日常生活の中での不慮の死以外の死，特殊清掃等が行われた自然死・不慮の死が発生し，事案発生からおおむね**３年**が経過した後は，原則として告げなくてもよい。

保証協会　　　　　　　　　□□□★★★★★

1 保証協会の業務　　　　　　　　　　　□□□

① **必須業務**……**苦情の解決**，宅建業に関する**研修**，　｜ 法64条の3
弁済業務（社員と宅建業に関し取引をした者（業者
を除く）の有する債権の弁済）

② **任意業務**……一般保証業務・手付金等保管事業，
宅建業の健全な発達を図るため必要な業務

③ 保証協会は，新たに社員が加入し，または社員が　｜ 法64条の4②
その地位を失ったときは，直ちに，その旨を社員で
ある業者が免許を受けた国土交通大臣または都道府
県知事に報告しなければならない。

④ 保証協会は，社員が社員となる前に，その社員と　｜ 法64条の4③
宅建業に関し取引をした者の有するその取引により
生じた債権に関し，弁済が行われることにより弁済
業務の運営に支障があると認めるときは，その社員
に対し，**担保の提供**を求めることができる。

⑤ 保証協会は，業者の相手方等から取引に関する苦　｜ 法64条の5
情について解決の申出があったときは，正当な理由
がある場合でなければ拒むことができず，苦情を受
けた業者に対し，文書または口頭による説明を求め
ることができる。

　この場合には，社員は正当な理由がある場合でな
ければ，これを拒むことができない。

2 弁済業務保証金制度　　　　　　　　　□□□

① 保証協会の社員になろうとする業者は，**加入しよ**　｜ 法64条の9
うとする日までに，弁済業務保証金にあてるための
分担金（**弁済業務保証金分担金**）を保証協会に納付
しなければならない。

② 分担金の額　●主たる事務所 ⇨ **60万円**　　　　｜ 令7条
　　　　　　　●その他の事務所 ⇨ **30万円**

③ 新たに事務所を設置した場合は，その日から**2週間以内**に分担金を納付しなければならない。

④ 業者が保証協会の社員となった場合，当該保証協会は弁済業務保証金を**法務大臣および国土交通大臣の定める供託所**に供託しなければならない。 　法64条の7

⑤ 保証協会の社員と取引をした者は，その**取引により生じた債権**に関し，その社員が保証協会の社員でない場合に供託すべき**営業保証金に相当する額の範囲内で弁済業務保証金の還付**を受ける権利を有する。 　法64条の8

⑥ 保証協会は，弁済業務保証金の還付があったときは，当該還付にかかる社員または社員であった業者に対し，還付額に相当する額の**還付充当金**を納付すべきことを通知しなければならない。

⑦ 通知を受けた業者は，その通知を受けた日から**2週間以内**に，その通知された額の還付充当金を保証協会に納付しなければならず，業者がその期間内に納付しないときは，社員の地位を失う。 　法64条の10

⑧ 社員である業者がその地位を失ったときは，保証協会は業者が納付した分担金の額に相当する弁済業務保証金を取りもどすことができ，社員に対し分担金を返還しなければならない。 　法64条の11

⑨ 通知を受けた社員は，その通知を受けた日から**1月以内**に，その通知された額の**特別弁済業務保証金分担金**を保証協会に納付しなければならず，業者がその期間内に納付しないときは，社員の地位を失う。 　法64条の12

⑩ 保証協会の社員の地位を失った業者は，その地位を失った日から**1週間以内**に，営業保証金を供託しなければならない。 　法64条の15

5

宅建業法等

宅建業者に対する監督処分　□□□ ★★★★

1 指　示　　　　　　　　　　　　　　　　□□□

① 大臣・知事は，その免許を受けた業者が次のいず
れかに該当する場合には，必要な**指示**をすることが
できる。　　　　　　　　　　　　　　　　　　　法65条①

　　a．取引の関係者に損害を与えたとき，またはその
　　　おそれが大であるとき

　　b．取引の公正を害する行為をしたとき，またはそ
　　　のおそれが大であるとき

　　c．他の法令に違反し，業者として不適当であると
　　　認められるとき

　　d．宅地建物取引士が事務の禁止処分・登録の消除
　　　を受けた場合に，業者の責めに帰すべき事由があ
　　　るとき

　　e．この法律の規定に違反したとき

② 知事は，大臣または他の知事の免許を受けた業者
で，その都道府県の区域内で業務を行うものが，
上記のいずれかに該当する場合には，業者に対し
て**必要な指示**をすることができる（処分をしたと
きには，遅滞なく，その旨を免許権者に対し報告・
通知）。

2 業務の停止　　　　　　　　　　　　　　□□□

① 大臣・知事は，その免許を受けた業者が次の事項
に該当する場合には，**1年以内**の期間を定めてその
業務の**全部**または**一部**の停止を命ずることができる。　法65条②

　　a．他の法令に違反し，業者として不適当であると
　　　認められるとき，または宅地建物取引士が事務の
　　　禁止処分等を受けた場合に，業者の責めに帰すべ
　　　き事由があるとき

　　b．名義貸しの禁止，宅建士の設置，営業保証金供

託の規定などに違反したとき

c．大臣・知事の指示に従わなかったとき

d．宅建業法の規定に基づく大臣・知事の処分に違反したとき

e．このほか，宅建業に関し不正・著しく不当な行為をしたとき

f．（営業に関し成年者と同一の行為能力を有しない未成年者の場合）法定代理人（法定代理人が法人の場合には，その役員を含む）が，業務の停止をしようとするとき以前5年以内に宅建業に関し不正・著しく不当な行為をしたとき

g．（法人の場合）役員・政令使用人のうちに業務停止をしようとするとき以前5年以内に宅建業に関し不正・著しく不当な行為をした者があるとき

h．（個人の場合）政令使用人のうちに業務停止をしようとするとき以前5年以内に宅建業に関し不正・著しく不当な行為をした者があるとき

② 知事は，大臣または他の知事の免許を受けた業者で，その都道府県の区域内で業務を行うものが，上記a～eに該当する場合には，その業者に対し**1年以内**の期間を定めてその**業務の全部**または**一部の停止**を命ずることができる。　法65条④

3 免許の取消し　□□□

① 大臣・知事は，その免許を受けた業者が次の事項のいずれかに該当する場合には，**免許を取り消さなければならない。**　法66条①

a．業者が成年被後見人，被保佐人または破産者となったり，**禁錮以上の刑，宅建業法違反・刑法犯などによる罰金刑**に処せられた場合

b．（営業に関し成年者と同一の行為能力を有しない未成年者の場合）法定代理人が法5条1項1号～7号または10号に該当するに至ったとき　⇨ p.168

c．（法人の場合）役員・政令使用人のうちに法5条
　　　1項1号〜7号または10号に該当する者があるに
　　　至ったとき

　　d．（個人の場合）政令使用人のうちに法5条1項1
　　　号〜7号または10号に該当する者があるに至った
　　　とき

　　e．免許換え（法7条1項）による免許を受けてい
　　　ないことが判明したとき

　　f．免許を受けてから1年以内に事業を開始せず，
　　　または引き続いて1年以上事業を休止したとき

　　g．廃業等の事実があるのにその届出がなく，破
　　　産・廃業等の事実が判明したとき

　　h．不正の手段により免許を受けたとき

　　i．業務停止事由に該当し，情状が特に重いとき，
　　　または業務停止処分に違反したとき

② 　大臣・知事は，その免許を受けた業者が次のいず　　法66条②
　れかに該当する場合には，**免許を取り消すことがで
　きる。**

　　a．法3条の2第1項の免許の条件の規定により付
　　　された条件に違反したとき

　　b．業者の事務所の所在地または業者の所在（法人
　　　の場合は役員の所在）を確知できず，官報または
　　　都道府県の公報で公告し，公告の日から30日を経
　　　過しても申出がないとき

　　c．所定の期間内に営業保証金を供託した旨の届出
　　　をしないとき

③ 　大臣・知事は，その免許を受けた業者の事務所の　　法67条①
　所在地や所在を確知できないときは，官報または都
　道府県の公報でその事実を公告し，その公告の日か
　ら**30日**を経過しても業者から申出がないときは，免
　許を取り消すことができる。

④ 　大臣・知事は，**業務停止命令，指示処分または免**　　法69条①

許取消処分をしようとするときは，聴聞を行わなければならない。

⑤ 大臣・知事は，**業務停止命令**または**免許取消処分**をしたときは，その旨を**公告**しなければならない。 ┊ 法70条①

⑥ 大臣はすべての業者に対して，知事はその都道府県の区域内で宅建業を営む業者に対して，必要な指導，助言および勧告をすることができる。 ┊ 法71条

4 報告および検査 □□□

① 大臣は，宅建業を営むすべての者に対して，知事は，当該都道府県の区域内で宅建業を営む者に対して，必要があると認めるときは，その業務について必要な報告を求め，またはその職員に事務所その他その業務を行う場所に立ち入り，帳簿，書類その他業務に関係のある物件を検査させることができる。 ┊ 法72条

② 大臣は，すべての宅建士に対して，知事は，その登録を受けている宅建士および当該都道府県の区域内でその事務を行う宅建士に対して，必要があると認めるときは，その事務について必要な報告を求めることができる。

5 免許の取消し等に伴う取引の結了等 □□□

① 業者の免許が，有効期間の満了等によりその主体が消滅して免許権者より免許を取り消されたときは，当該業者であった者またはその一般承継人は，当該業者が締結した契約に基づく取引を結了する目的の範囲内でなお業者とみなされる。 ┊ 法76条

② 信託業法3条の免許を受けた信託会社は，免許，免許の取消し等に関する規定は適用されない。 ┊ 法77条

5 宅建業法等

宅建士に対する監督処分　　□□□ ★★★★

1 事務の禁止等　　　　　　　　　　　　　　□□□

① 知事は，その登録を受けている宅建士が，次のa 〜cのいずれかに該当する場合には，その宅建士に 対し必要な指示をすることができる。 法68条①

　a．業者に専任の宅建士として従事している事務所 以外の事務所の専任の宅建士である旨の表示をす ることを許し，業者が表示をしたとき

　b．他人に自己の名義の使用を許し，その他人が宅 建士である旨の表示をしたとき

　c．宅建士として行う事務に関し，不正・著しく不 当な行為をしたとき

② 事務の禁止処分 法68条②

　a．上記a〜cのいずれかに該当する場合

　b．指示処分に従わないとき

③ 知事は，その都道府県の区域内において，他の都 道府県知事の登録を受けている宅建士に対しても， 指示，事務の禁止処分をすることができる。 法68条③④

2 登録の消除　　　　　　　　　　　　　　　□□□

① 知事は，その登録を受けている宅建士が次のa〜 dのいずれかに該当する場合には，その登録を消除 しなければならない。 法68条の2①

　a．法18条1号〜8号または12号の登録欠格要件の いずれかに該当するに至ったとき

　b．不正の手段により登録を受けたとき

　c．不正の手段により宅建士証の交付を受けたとき

　d．事務禁止処分の対象事由のいずれかに該当し情 状が特に重いとき，事務禁止処分に違反したとき

保証協会・監督等

監督処分のまとめ

□□□ ★★★★

■**1** 業者に対する監督処分

□□□

① **指示**……法令や不適正な事実を是正するために監督行政庁が命令すること。処分権者は，免許をした大臣・知事（知事は管轄区域内で業務を行っている他の免許を受けた業者に対しても処分可）。

② **業務の停止**……1年以内の期間を定めて業務の全部または一部の行為禁止を命ずること。処分権者は指示と同じ。

③ **免許の取消し**……処分権者は，免許をした大臣・知事のみ。

■**2** 宅地建物取引士に対する監督処分

□□□

① **指示**……処分権者は，登録を行った知事および実際に処分該当事由が行われた都道府県の知事。

② **事務の禁止**……1年以内の期間を定めて宅建士として行う事務の禁止を命ずること。事務禁止処分を受けた宅建士は，速やかに宅建士証を交付を受けた知事に提出しなければならない。

③ **登録の消除**……宅建士資格登録簿から登録を抹消すること。登録消除処分を受けた宅建士は，速やかに宅建士証を交付を受けた知事に返納する。処分権者は，登録を行った知事のみ。

■**3** 監督処分の手続

□□□

① 大臣・知事が，業者に対する指示や業務停止処分，宅建士に対する事務の禁止処分をしようとするときは，**聴聞**を行わなければならず，その期日における審理は，公開により行わなければならない。

② 大臣・知事が，業者に対する業務停止，免許の取消しまたは認可の取消しの処分をしたときは，その旨を**公告**しなければならない。

5

宅建業法等

罰 則　　　　　□□□★★

1 主な罰則　　　　　□□□

① **3 年以下の懲役**もしくは**300万円以下の罰金**または　　法79条
はこれらの併科
- 不正の手段により免許を受けたとき
- 無免許営業（法12条 1 項違反）
- 名義貸し（法13条 1 項違反）
- 業務停止命令違反（法65条 2 項・ 4 項違反）

② **2 年以下の懲役**もしくは**300万円以下の罰金**また　　法79条の 2
はこれらの併科
- 重要事項の事実不告知等の禁止違反（法47条 1 号
  違反）

③ **1 年以下の懲役**もしくは**100万円以下の罰金**また　　法80条
はこれらの併科
- 不当に高額の報酬を要求したとき（法47条 2 号違
  反）

④ **6 月以下の懲役**もしくは**100万円以下の罰金**また　　法81条
はこれらの併科
- 営業保証金の供託の届出をせずに事業を開始した
  とき（法25条 5 項違反）
- 誇大広告等の禁止の規定に違反したとき（法32条
  違反）
- 物件の引渡し，対価の支払いを不当に遅延する行
  為（法44条違反）
- 手付けについて信用の供与をすることにより契約
  の締結を誘引する行為（法47条 3 号違反）

⑤ **100万円以下の罰金**　　法82条
- 免許申請書への虚偽記載（法 4 条 1 項・ 2 項違反）
- 宅建士の設置義務違反（法31条の 3 第 3 項違反）
- 報酬告示の定めた額を超える報酬の受領（法46条

2 項違反）

⑥　**50万円以下の罰金**　　　　　　　　　　　　　　法83条

- ●契約成立時に義務づけられている書面の交付をしなかったとき（法37条違反）
- ●従業者名簿を備えず，または虚偽の記載等をしたとき（法48条 3 項違反）
- ●帳簿を備え付けず，または虚偽の記載等をしたとき（法49条違反）

⑦　**10万円以下の過料**　　　　　　　　　　　　　　法86条

- ●登録が消除されたり宅建士証が効力を失ったときに取引士証を返納しなかった場合（法22条の 2 第 6 項違反）
- ●事務禁止処分を受けたときに宅建士証を提出しなかった場合（同条 7 項違反）
- ●重要事項説明の際に宅建士証を提示しなかったとき（法35条 4 項違反）

2　**両罰規定**　　　　　　　　　　　　　　　　　□□□

①　宅建業者の従業者等が，宅建業に関し宅建業法の　法84条
罰則の規定に該当するような違反行為をしたときは，
違反行為者だけではなく**業者**も次の罰金刑を科される。

- ●79条または79条の 2 の違反行為……**1 億円以下の罰金刑**
- ●80条，81条〜83条の違反行為……各本条の罰金刑

5

宅建業法等

住宅瑕疵担保履行法 　　□□□★★★★★

1 特定住宅瑕疵担保責任　　　　　　　　　　　□□□

① **瑕疵担保責任の対象となる範囲**……住宅の基礎，壁，土台，屋根等**構造耐力上主要な部分**に関する**10年間**の瑕疵担保責任。

② **資力確保措置**……必要な資力確保措置は「供託」か「保険加入」のいずれかであり，宅建業者は，自ら売主となる新築住宅を販売する場合には，住宅販売瑕疵担保保証金の供託または住宅販売瑕疵担保責任保険契約の締結を行う義務を負う。

③ 国土交通大臣が紛争処理の業務を行う者として指定した指定住宅紛争処理機関は，建設工事の請負契約または売買契約に関する紛争が発生した場合に，紛争の当事者の双方または一方からの申請により，当該紛争のあっせん，調停および仲裁の業務を行う。　　法33条

2 保証金の供託義務　　　　　　　　　　　　　□□□

① **新築住宅**とは，新たに建設された住宅であって，建設工事の完了から1年以内で，かつ，人が住んだことのないものをいう。　　法2条①

② 供託額は，引き渡した新築住宅の戸数により異なる。たとえば，引渡し戸数が1戸の場合は2千万円，10戸では計3,800万円，100戸では計1億円となる。　　法3条②

③ 販売新築住宅の合計戸数の算定にあたっては，その床面積が55㎡以下のものは，その2戸をもって1戸とする。　　法11条③，令5条

④ 供託額が，基準日において，供託すべき基準額を超えることとなったときは，免許を受けた国土交通大臣または都道府県知事の承認を受けて，その超過額を取り戻すことができる。　　法16条，9条

⑤ 保証金の供託をしている宅建業者は，自ら売主と　　法15条

なる新築住宅の買主（宅建業者を除く）に対し，当該新築住宅の**売買契約を締結するまでに**，その保証金の供託をしている主たる事務所の最寄りの供託所の所在地その他の事項について，**書面を交付して説明**しなければならない。

3　保険への加入義務　□□□

① 保険は，次の条件を満たす必要がある。　法2条⑥
- ●売主等が保険料を支払うものであること
- ●売主等の瑕疵担保責任の履行による損害をてん補すること
- ●売主等が相当の期間を経過しても瑕疵担保責任を履行しない場合には，買主の請求に基づき損害をてん補すること
- ●保険金額が2,000万円以上であること
- ●10年以上の期間有効な契約であること　等

4　住宅建設瑕疵担保保証金の供託等の届出　□□□

① 新築住宅を引き渡した業者は，毎年3月31日（年1回の基準日）時点での保険や供託の状況を，基準日から**3週間以内**に，免許を受けた大臣または知事に届け出なければならない。　法12条

② 届出を行わない場合は，この法律に定める罰則の適用や宅建業法に基づく処分の可能性があるほか，**基準日の翌日から50日**を経過した日以降，新たな新築住宅の売買契約を締結できなくなる。　法13条

③ 一度基準日における届出を行った場合には，届出の対象となった新築住宅に対する瑕疵担保責任が続いている期間中（10年間）は届出が必要となる。

5　宅建業法等

住宅金融支援機構 ☆☆☆★★★★★

1 機構の目的 ☐☐☐

① 一般の金融機関による住宅の建設や購入，これに付随する借地権の取得に必要な資金の融通の支援

② 良質な住宅の建設等を促進するための情報の提供

③ 一般の金融機関の融通を補完

2 主な業務等 ☐☐☐

① **証券化支援業務**……民間金融機関による住宅建設・購入（購入に付随する改良に必要な資金を含む）のための長期・固定ローンを買い受け，信託した上で，それを担保とした MBS（資産担保証券）を発行する「買取型」と，民間金融機関の長期・固定ローンに対して機構が保険を付したうえで，それを担保として発行された債券等について元利払いを保証する「保証型」がある。

② **融資業務**……災害復興住宅融資，耐震性向上のための住宅改良資金の融資，密集市街地における建替え融資，子育て世帯向け・高齢者世帯向け賃貸住宅融資など，政策上重要で民間金融機関では対応が困難なものについて融資業務を実施する。

③ **住宅融資保険業務**……民間金融機関の住宅ローンが不測の事態により事故となった場合に，あらかじめ締結した保険契約に基づき民間金融機関に保険金を支払うことにより，民間金融機関の住宅ローンの円滑な供給を支援する。

④ **団体信用生命保険（共済）業務**……フラット35または住宅金融支援機構等の個人向け融資の利用者で，加入者が死亡・高度障害状態等となった場合に生命保険会社等から支払われる保険金等により，残りの住宅ローンが弁済される。

⑤　**技術審査業務**……フラット35の技術基準に適合していることを確認する技術審査を実施している。

⑥　**債権管理業務**……返済方法の変更，融資金の繰り上げ返済，残高証明書の発行等の相談の受付。

⑦　**住宅金融に対する調査研究**……住宅ローン市場および住宅ローン利用者の実態調査，海外住宅金融に関する調査などの実施。

3　機構の提供する長期固定金利住宅ローン　□□□

①【フラット35】…民間金融機関と機構が提携して提供する最長35年の長期固定金利住宅ローン。借入時に，返済終了までの金利・返済額が確定。

②【フラット35】S（優良住宅取得支援制度）…省エネルギー性能，耐震性能，バリアフリー性能，耐久・可変性が高い住宅を取得する場合に，フラット35の借入金利を一定期間引き下げる制度。

③【フラット50】…長期優良住宅の認定を受けた住宅について，償還期間の上限を50年間とする制度。

④　旧公庫融資や【フラット35】の利用者で住宅ローンの返済が困難な人については，返済条件変更の特例措置を行っている。

4　業務の委託等　□□□

①　機構は，金融機関に対し，証券化支援事業（買取型）において譲り受けた貸付債権にかかる元利金の回収その他回収に関する業務，貸付業務（貸付けの決定を除く）を委託することができる。　令7条

②　機構は，災害復興建築物等の建設または購入にかかる貸付金については，一定の元金返済の据置期間を設けることができる。　業務方法書24条

③　機構は，貸付を受けた者にかかる貸付条件の変更，延滞元利金の支払方法の変更について定めることができる。　業務方法書26条

6

需給と実務

公正競争規約 □□□ ★★★★★

1 広告表示の開始時期の制限 □□□

- 事業者は，宅地の造成または建物の建築に関する
工事の完了前においては，宅建業法33条に規定す
る許可等の処分があった後でなければ，当該工事
にかかる宅地建物の内容または取引条件その他取
引に関する広告表示をしてはならない。

規約5条

2 必要な表示事項 □□□

- 新築分譲住宅については，土地面積および私道負
担面積を表示する必要がある（パンフレット等の
媒体を除き，最小面積および最大面積のみで表示
することができる）。

則4条・別表4

- 建築基準法42条2項の規定により道路とみなされ
る部分（セットバックを要する部分）を含む土地
については，その旨を表示し，セットバックを要
する部分の面積がおおむね10％以上である場合は，
併せてその面積を明示する。

則7条(2)

- 建築基準法42条に規定する道路に2メートル以上
接していない土地については，「再建築不可」また
は「建築不可」と明示する。

則7条(4)

- 市街化調整区域内に所在する土地については，
「市街化調整区域。宅地の造成および建物の建築
はできません」と，原則として16ポイント以上の
文字で明示する必要がある。

則7条(6)

- 路地状部分のみで道路に接する土地であって，そ
の路地状部分の面積が当該土地面積の30％以上を
占めるときは，路地状部分を含む旨および路地状
部分の割合または面積を明示せずに表示する。

則7条(8)

- 傾斜地を含むことにより当該土地の有効な利用が
著しく阻害される場合（マンションを除く）は，

則7条(9)

傾斜地を含む旨および傾斜地の割合または面積を
明示しなければならない。

● 建築工事に着手した後に，同工事を相当の期間に　　則7条⒁
わたり中断していた新築住宅または新築分譲マン
ションについては，建築工事に着手した時期およ
び中断していた期間を明示する。

3 物件の内容・取引条件等にかかる表示基準　　　　□□□

〔交通の利便性〕

● 公共交通機関は，現に利用できるものを表示し，　　則9条⑸
特定の時期にのみ利用できるものは，その利用で
きる時期を明示して表示する。

● 新設予定の駅や停留所は，その路線の運行主体が　　則9条⑹
公表したものに限り新設予定時期を表示できる。

〔各種施設までの距離または所要時間〕

● 団地と駅その他の施設との間の道路距離または所　　則9条⑻
要時間は，各施設から最も近い区画を起点として
算出した数値とともに，その施設から最も遠い区
画を起点として算出した数値も表示する。

● 徒歩による所要時間は，道路距離**80m**につき**1**　　則9条⑼
分間を要するものとして算出した数値を表示する。

〔面積〕

● 建物の面積（マンションの場合は専有面積）は，　　則9条⒂
延べ面積を表示し，これに車庫，地下室等の面積
を含むときは，その旨およびその面積を表示する。

● 住宅の居室等の広さを畳数で表示する場合には，　　則9条⒃
畳1枚当たりの広さは1.62㎡（各室の壁心面積を
畳数で除した数値）以上の広さがあるという意味
で用いる。

〔物件の形質〕

● 建築基準法28条（居室の採光・換気）の規定に適　　則9条⒄
合しないため居室と認められない納戸その他の部
分については，「納戸等」と表示する。

- 地目は，登記簿に記載されているものを表示する。現況の地目と異なるときは，現況の地目を併記する。　則9条⒆
- 建物を増築，改築，改装または改修したことを表示する場合は，その内容および時期を明示する。　則9条㉑

〔写真・絵図〕
- 宅地建物のコンピュータグラフィクス，見取図，完成図または完成予定図は，その旨を明示して用い，当該物件の周囲の状況について表示するときは，現状に反する表示をしない。　則9条㉓

〔設備・施設等〕
- 上水道（給水）は，公営水道，私営水道または井戸の別を表示する。　則9条㉔
- ガスは，都市ガスまたはプロパンガスの別を明示して表示する。　則9条㉕

〔生活関連施設〕
- 学校，病院，官公署，公園等の公共・公益施設は現に利用できるもので，物件までの道路距離または徒歩所要時間を明示するとともに，その施設の名称を表示する。　則9条㉙
- デパートやスーパーマーケット等の商業施設は，**現に利用できるもの**を物件までの道路距離または徒歩所要時間を明示して表示する。ただし，工事中で，将来確実に利用できると認められるものに限り，その整備予定時期を明らかにして表示することができる。　則9条㉛

〔価格・賃料〕
- 土地の価格は，1区画当たりの価格を表示する。ただし，1区画当たりの土地面積を明らかにし，これを基礎として算出する場合に限り，1㎡当たりの価格で表示することができる。また，そのすべての価格を表示することが困難なときは，1区画当たりの**最低価格**と**最高価格**，販売区画数が10　則9条㉟・㊱

220

以上のときは，**最多価格帯**およびその価格帯に属
する販売区画数のみで表示することができる。

● 賃貸住宅（マンションまたはアパートにあっては，　　則9条(40)
住戸）の賃料については，取引するすべての住戸
の1か月当たりの賃料を表示する。ただし，新築
賃貸マンション・新築賃貸アパートの賃料につい
ては，1住戸当たりの**最低賃料・最高賃料**のみで
表示することができる。

● 管理費については，1戸当たりの月額を表示する。　　則9条(41)
ただし，住戸により管理費が異なる場合，そのす
べての住戸の管理費を示すことが困難であるとき
は，**最低額**および**最高額**のみを表示することがで
きる。

● 修繕積立金については，1戸当たりの月額を表示　　　則9条(43)
する。ただし，住戸によりその金額が異なる場合
において，すべての住宅の修繕積立金を示すこと
が困難であるときは，最低額および最高額のみで
表示することができる。

● 住宅ローンについては，金融機関の名称もしくは　　則9条(44)
商号，借入金の利率・利息徴収方式または返済例
を明示して表示する。

● 割賦販売による支払条件についての金利は，実質　　則9条(45)
利率を表示する。

4　**誤認されるおそれのある二重価格表示**　　　　　　□□□

● 過去の販売価格を比較対照価格とする二重価格表　　則12条
示は，過去の販売価格の公表時期および値下げ時
期を明示するとともに，値下げ時期から6か月以
内に表示するものである等の必要がある。

5　**特定用語の使用基準**　　　　　　　　　　　　　□□□

● 新築…建築工事完了後1年未満であって，居住の　　則18条
用に供されたことがないものをいう。

● 新発売…新たな造成宅地，新築住宅または一棟リ

6

需給と実務

ノベーションマンションについて，一般消費者に対し初めて購入の申込みを勧誘することをいい，申込みを受けるに際して一定の期間を設ける場合においては，その期間内の勧誘をいう。

- リビング・ダイニング・キッチン（LDK）…居間と台所と食堂の機能が１室に併存する部屋をいい，住宅の居室（寝室）数に応じ，その用途に従って使用するために必要な広さ，形状および機能を有するものをいう。

6 物件の名称の使用基準　□□□

- 新築分譲マンションの名称に，公園，庭園，旧跡等の名称を使用する場合には，物件から**直線距離で300m 以内**に，街道の名称を使用する場合には**50m 以内**に所在していなければならない。

規約19条①(3)(4)

7 おとり広告の禁止　□□□

- 物件が**存在しない**ため，実際には取引することができない物件に関する表示
- 物件は存在するが，実際には**取引の対象となり得ない物件**に関する表示
- 物件は存在するが，実際には**取引する意思がない**物件に関する表示

規約21条

8 その他の不当表示の禁止　□□□

- 建物の建築経過年数または建築年月について，実際のものよりも経過年数が短いまたは建築年月が新しいと誤認されるおそれのある表示をしてはならない。

規約23条①(18)

- 取引態様は，「売主」「貸主」「代理」または「媒介」の別を，これらの用語を用いて表示する。

則９条(1)

9 表示内容の変更等の公示　□□□

- 継続的に広告等をする場合において，表示内容に変更があった場合には，速やかに修正し，またはその表示を取り止めなければならない。

規約24条①

宅地・建物の需給の概要

統　　計　　　□□□ ★★★★★

1 地価（公示価格）の変動率　　□□□

　令和5年地価公示によれば，全用途平均・住宅地・商業地のいずれも2年連続で上昇した。

（単位：％）

		平成29年	30年	令和元年	2年	3年	4年	5年
住宅地	全国平均	0.0	0.3	0.6	0.8	▲ 0.4	0.5	1.4
	三大都市圏	0.5	0.7	1.0	1.1	▲ 0.6	0.5	1.7
	地方平均	▲ 0.4	▲ 0.1	0.2	0.5	▲ 0.3	0.5	1.2
商業地	全国平均	1.4	1.9	2.8	3.1	▲ 0.8	0.4	1.8
	三大都市圏	3.3	3.9	5.1	5.4	▲ 1.3	0.7	2.9
	地方平均	▲ 0.1	0.5	1.0	1.5	▲ 0.5	0.2	1.0

　（注）　上記の変動率は，各年1月1日の地価公示価格の前年1月1日の地価公示価格に対する平均である。

2 新設住宅着工戸数（建築着工統計）　　□□□

　令和5年の総戸数は約82万戸（前年比4.6％減）で，持家，貸家および分譲住宅が減少したため，3年ぶりの減少となった。

（単位：戸）

	令和元年	2年	3年	4年	5年
総　戸　数	905,123	815,340	856,484	859,529	819,623
持　　　家	288,738	261,088	285,575	253,287	224,352
貸　　　家	342,289	306,753	321,376	345,080	343,894
分　譲　住　宅	267,696	240,268	243,944	255,487	246,299
マンション	117,803	107,884	101,292	108,198	107,879
一戸建住宅	147,522	130,753	141,094	145,992	137,286

3 宅建業者数の推移　　□□□

　令和5年3月末（令和4年度末）現在での宅建業者数は，9年連続の増加となっている。

	平成30年度	令和元年度	2年度	3年度	4年度
大臣免許	2,569	2,603	2,675	2,776	2,922
知事免許	121,882	123,035	124,540	125,821	126,682
合　　計	124,451	125,638	127,215	128,597	129,604

資料：国土交通省「宅地建物取引業法施行状況調査」

4 売買による土地取引件数の推移 □□□

　令和４年中の全国の土地取引件数（売買による土地の所有権移転登記の件数）は，約130万件（対前年比2.2％減）と２年ぶりの減少となった。

（単位：件）

	平成30年	令和元年	2年	3年	4年
全　国　計	1,307,100	1,310,388	1,275,193	1,333,844	1,304,776
東　京　圏	375,449	374,021	361,937	377,146	368,147
大　阪　圏	153,782	157,356	149,634	157,039	160,498
名　古　屋　圏	85,768	85,966	85,412	87,232	86,454
地　方　圏	692,108	693,045	678,210	712,427	689,677

資料：法務省「登記統計」

5 不動産価格指数 □□□

① 　マンションの不動産価格指数（令和５年10月分）は，2010年平均を100として193.9となっている。

② 　全国の商業用不動産総合の季節調整値（令和５年第３四半期分）は，前期比で1.1％上昇した。

6 不動産業の現況（法人企業統計） □□□

（単位：億円，カッコ内は前年度比％）

	平成30年度	令和元年度	2年度	3年度	4年度
売上高	465,363 （＋7.1）	453,835 （▲2.5）	443,182 （▲2.3）	485,822 （＋9.6）	462,682 （▲4.8）
経常利益	51,607 （▲15.0）	46,117 （▲10.6）	53,542 （＋16.1）	60,580 （＋13.1）	59,392 （▲2.0）
売上高 経常利益率	11.1％	10.2％	12.1％	12.5％	12.8％

7 土地利用の現況 □□□

　令和２年におけるわが国の国土面積は約3,780万haである。このうち森林が約2,503万haと最も多く，次いで農地が約437万haとなっており，これらで全国土面積の約８割を占めている。このほか，宅地が約197万ha，道路が約142万ha，水面・河川・水路が約135万ha，原野等が約31万haとなっている（国土交通省「令和５年版土地白書」）。

土地・建物の基礎知識

土　　地　　□□□ ★★★★★

1 土地の安全性　□□□

① **山麓部**……土石流や地すべりによってできた地形，谷の出口にあたる所は注意が必要である。

② **丘陵地・台地・段丘**……日照や水はけもよく，地耐力があり，洪水や地震に対する安全性も高い。ただし，台地の縁辺部，台地上が浅く広い谷となっている場所は注意が必要である。

③ **低地部**……洪水や地震に対して弱く，日照，通風，乾湿などの面も悪いので，宅地として好ましくない。ただし，低地部でも扇状地，自然堤防（自然堤防などに囲まれた後背低地などは除く），昔の天井川で現在は廃川となっている所は，砂礫質で微高地となっている所が多く，宅地として利用できる。

④ **埋立地・干拓地**……地盤が軟弱で雨水などがとどこおりがちで，地震などの被害を受けやすい。とりわけ干拓地は海面以下であることが多く，不等沈下を起こしやすく地震にも弱い。

⑤ **崩壊跡地**……微地形的には馬蹄形状の凹地形を示すことが多く，また地下水位が高いため竹などの好湿性の植物が繁茂することが多い。

⑥ **軟弱地盤**……高含水性の粘性土等が堆積している軟弱地盤は，盛土や建物の荷重によって大きな沈下を生じたり，側方に滑動したりすることがあるので，開発事業にあたっては，十分注意しなければならない。

⑦ **旧河道**……地盤が軟弱，低湿で，地震や洪水による被害を受けることが多い。

2 地　　盤　　□□□

① **山地**……傾斜が急で，表土の下に岩盤またはその

風化土が現れる地盤。

② **丘陵・段丘**……地表面は比較的平坦であり，よく締まった砂礫・硬粘土からなり，地下水位が比較的深い地盤。

③ **扇状地**……山地から河川により運ばれてきた砂礫等が堆積し，平坦地になった地盤。

④ **自然堤防**……洪水時に運ばれた粒の粗い砂や小礫などが河岸に堆積した地盤。

⑤ **後背湿地**（後背低地）……自然堤防などの微高地の背後に形成された低湿地で，細かい粘性土や泥炭などが堆積した地盤。

⑥ **三角州**……河川によって運ばれた土砂が河口付近に堆積することにより形成された地形であり，比較的軟弱な地盤。

3 宅地に起こる災害　□□□

① **液状化現象**……地震により地盤が揺れ液体状になる現象。海岸や川のそばの比較的地盤がゆるく，地下水位が高い砂地盤などで起こりやすいとされている。

② **地すべり**……粘土のようなすべりやすい層に地下水が染み込んで，山地や丘陵斜面の土や岩がまとまって斜面下方にすべり落ちる現象

③ **地盤沈下**……地表面が広い範囲にわたって徐々に沈んでいく現象。雨水や河川水が地下に浸透する量以上に汲み上げられると，帯水層に含まれる地下水が減って，その上下にある粘土層が収縮するため起こる。

④ **土石流**……山や川の土砂が雨によって一気に下流へと流される現象。崖錐堆積物（山地から崩れ落ちた砂礫の堆積物）に覆われた場所等で起こりやすい。

4 宅地造成上の留意点　□□□

① 急傾斜地で宅地造成する場合，原地盤に繁茂して

いる樹木を残したまま盛土を行うことは，施工にも
支障を来たし，地盤沈下や崩壊の原因となるので好
ましくない。

② 高含水性の粘性土が堆積している軟弱地盤は，盛
土や建物の荷重によって大きな沈下を生じたり，側
方に滑動したりすることがあるので，宅地造成にあ
たっては十分注意する必要がある。

③ 盛土をする場合には，地表水の浸透により，地盤
にゆるみ沈下または崩壊が生じないように締め固め
る必要がある。

5　等 高 線　　　□□□

① 等高線の間隔が密である場合は，高さの変化が急
激であることを意味し，急傾斜地であることがわか
る。反対に等高線の間隔が疎の場合は，傾斜が緩や
かな土地である。

② 等高線の間隔が不ぞろいで大きく乱れている場合
は，崩壊が発生した地形である可能性が高い。

③ 山地から平野部の出口であり勾配が急に緩やかに
なる扇状地では，等高線が同心円状になるのが特徴
的である。

④ 等高線が山頂に向かって高い方に弧を描いている
部分は谷で，山頂から見て等高線が張り出している
部分は尾根である。

⑤ 等高線の間隔の大きい河口付近では，河川の氾濫
により河川より離れた場所でも浸水する可能性が高
くなる。

7

土地・建物

建 物　　　　　　　　□□□★★★★★

1 木造建築物　　　　　　　　　　□□□

① 基 礎

- 木造住宅の基礎は，直接基礎と杭基礎などに大別され，直接基礎には，建物の底部全体に設けるベタ基礎，壁体の下に連続して設ける布基礎<ruby>ぬの</ruby>，１本の柱の下に１個の基礎を設ける独立基礎がある。

- 異なる構造の基礎を併用することは建築基準法で禁じられており，併用する場合は構造計算により構造耐力上の安全性を確認する必要がある。

② 土 台

- 土台は，基礎に緊結しなければならない（平家建ての建築物で延べ面積が50㎡以内のものを除く）。　建基令42条②

- 柱，筋かい，土台のうち，地面から1m以内の部分には，有効な防腐措置を講ずるとともに，必要に応じ，しろあり等の虫害を防ぐための措置を講じなければならない。

③ 柱

- ２階以上の建築物のすみ柱またはこれに準ずる柱は，原則として通し柱としなければならない。

④ はり等の横架材

- はり，けた等の横架材には，その中央部付近の下側に耐力上支障のある欠込みをしてはならない。　建基令44条

⑤ 筋かい

- 筋かいは，その端部を柱とはりその他の横架材との仕口に接近して，ボルト，かすがい，くぎ等の金物で緊結しなければならない。

- 筋かいには，欠込みをしてはならない。

⑥ 継手または仕口

- 継手または仕口は，ボルト締，かすがい打その他

の接合方法によりその部分の存在応力を伝えるよう緊結しなければならない。

⑦　**床**

- 最下階の居室の床が木造である場合には，床の高さは，地面から45cm以上とし，かつ，外壁の床下部分には換気孔を設けなければならない。

⑧　**外壁内部等の防腐措置等**

- 木造の外壁のうち，鉄網モルタル塗その他軸組が腐りやすい部分の下地には，防水紙その他これに類するものを使用しなければならない。　建基令49条①

⑨　**集成木材構造**

- 木を薄くスライスした板材を接着剤で貼り付けた集成材（集成木材）を使って骨組みを構成した構造で，体育館など大規模な木造建築物に用いられる。

2 鉄骨造り　□□□

① 鉄骨造りは，講堂，体育館，工場など張間の長い建築物に多く用いられるが，鋼材は火熱にあうと強度が減少するので，耐火構造とはいえず，防錆法を施さないと耐久力にも乏しいという欠点がある。

② 構造耐力上主要な部分である柱の脚部は，基礎にアンカーボルトで緊結しなければならない。

③ 鉄は，炭素含有量が多いほど，引張強さおよび硬さが増大し，伸びが減少するため，鉄骨造には一般に炭素含有量が少ない鋼が用いられる。

3 鉄筋コンクリート造り　□□□

① コンクリートが鉄筋を包み込む状態になっているので，火に強いうえに錆びることがなく，耐久性・耐火性に優れた構造である。

② 構造耐力上主要な部分である柱については，主筋は4本以上とし，帯筋と緊結しなければならない。

③ 鉄筋の末端は，原則として，かぎ状に折り曲げて，

7
土地・建物

コンクリートから抜け出さないように定着しなけれ
ばならない。

④　鉄筋に対するコンクリートのかぶり厚さは，耐力
壁にあっては3cm以上としなければならない。

⑤　耐力壁と周囲の柱およびはりとの接合部は，その　　建基令78条の2
部分の存在応力を伝えることができるものとしなけ
ればならない。

⑥　鉄筋コンクリート造に使用するコンクリートの材　　建基令72条
料等には，鉄筋をさびさせ，またはコンクリートの
凝結および硬化を妨げるような酸，塩，泥土等を含
んではならない。

4　鉄骨鉄筋コンクリート造り　　□□□

①　柱・梁などの骨組を鉄骨で組み，鉄筋コンクリー
トをかぶせて一体構造にしたもので，鉄骨（S）造
りと鉄筋コンクリート（RC）造りの長所を併せ持つ。

②　鉄筋コンクリート構造よりさらに優れた強度，じ
ん性質があり高層建築物に用いられる。

5　建築材料　　□□□

①　木　　材
●構造耐力上主要な部分に使用する木材の品質は，　　建基令41条
節，腐れ，繊維の傾斜，丸身等による耐力上の欠
点がないものでなければならない。

●木材に一定の力をかけたときの圧縮に対する強度
は，繊維の直角方向に比べて繊維方向のほうが5
〜10倍強い。

●木材の辺材（樹皮に近い部分）は，心材（髄に近
い部分）と比べて節が出やすく腐朽しやすい。

●木材は乾燥しているほど強度が大きく，通常は含
水率18%以下が望ましいとされている。

②　コンクリート
●セメントを水と砂，砂利または砕石と混ぜ合せた
ものである。

- ●コンクリートは，打ち上がりが均質で密実になり，かつ，必要な強度が得られるようにその調合を定めなければならない。　建基令74条③
- ●コンクリートの引張強度は，一般に圧縮強度の10分の1程度である。
③ モルタル…セメントに砂を混ぜ，水で練り混ぜたものであり，外壁の塗装やブロックの接着剤として使われる。
④ 骨材…コンクリートやモルタルの調合に使用する砂や砂利のことで，粒の大きさによって「細骨材」と「粗骨材」に分かれている。

6 建築物の構造形式 □□□

① ラーメン構造…建物を柱と梁を組み合わせた直方体で構成する骨組。柱と梁で支える構造のため，居室内に柱や梁が張り出したりする。
② トラス構造…直線的な材料を用い，三角形を基本単位とする構造の骨組。
③ 壁式構造…壁で建物を支える構造。柱や梁がないので，部屋を広く使えるメリットがあるが，リフォームで間仕切りの壁を取り払えないこともある。
④ アーチ式構造…戸口・窓などの開口上部をアーチで支える建築構造。スポーツ施設や体育館のように，大空間を持つ建築物の際に使われる。

7 地震対策 □□□

① 耐震構造は，建物の柱，はり，耐震壁などで剛性を高め，地震に対して十分耐えられるようにした構造である。
② 免震構造は，建物の下部構造と上部構造との間に積層ゴムなどを設置し，揺れを減らす構造である。
③ 制震構造は，制震ダンパーなどを設置することで揺れを制御する構造である。

7 土地・建物

令和6年版 要点整理 宅地建物取引士ハンドブック

2024年4月25日　初版第1刷発行

編　者　　不動産取引実務研究会

発行者　　延　對　寺　　哲

発行所　　株式
会社**ビジネス教育出版社**

〒102-0074　東京都千代田区九段南4-7-13
電話 03(3221)5361(代表)／FAX 03(3222)7878
E-mail▶info@bks.co.jp　URL▶https://www.bks.co.jp

落丁・乱丁はおとりかえします。　　印刷・製本／萩原印刷株式会社

ISBN978-4-8283-1068-8